REDESCUBRIENDO EL PODER DE LA PALABRA

REDESCUBRIENDO EL PODER DE LA PALABRA

ENRIQUE BOIX

Número de Control de la Biblioteca
del Congreso de EE. UU.:   2013909566
ISBN: Tapa Dura   978-1-4633-5858-7
                 Tapa Blanda   978-1-4633-5857-0
                 Libro Electrónico   978-1-4633-5856-3

La presente obra surge por urgencias de enseñar Los Principios del Reino de Dios que están por manifestarse en nuestra generación. Los cuales propone una Inminente Reforma en el Ámbito de la Relación con Dios y el Desempeño Sobrenatural de la Iglesia.

Este libro fue impreso en los Estados Unidos de América.

Fecha de revisión: 21/06/2013

Para realizar pedidos de este libro, contacte con:
Palibrio LLC
1663 Liberty Drive
Suite 200
Bloomington, IN 47403
Gratis desde EE. UU. al 877.407.5847
Gratis desde México al 01.800.288.2243
Gratis desde España al 900.866.949
Desde otro país al +1.812.671.9757
Fax: 01.812.355.1576
ventas@palibrio.com
473570

ÍNDICE

TERCERA PARTE

DESENMASCARANDO A LOS ENEMIGOS DE LA PALABRA.

CUARTA PARTE

LAS DIMENSIONES EN EL FLUIR DE LA PALABRA.

Si la Palabra de Dios se revela solo
a nuestros oídos, oiremos la Palabra,
pero si la Palabra de Dios se manifiesta
en nuestro espíritu, entonces, seremos
transformados en la Palabra.
Nada causa mayor poder en la tierra que
la manifestación viva de la
Palabra de Dios.

Dedicatoria

Dedico este libro a todos los hombres y mujeres
del Espíritu que tienen hambre por lo sobrenatural
y no se conforman con nada menos que la manifestación
de la vida de Cristo prometida a los santos.
Y sobre todo, dedico este libro a una generación
que está por venir, que se halla sedienta en los desiertos,
sin nombre y sin rostro, alistándose para protagonizar
el mover más extraordinario de la iglesia, donde la tierra
será llena del conocimiento de la gloria de Jehová,
así como las aguas cubren la mar.

Agradecimientos

Agradezco con todo mi corazón en primer lugar a mi amado Dios, por la gracia y el favor del Espíritu Santo, quien ha sido la razón de mi vida y el motor impulsor para esta obra. Agradezco a mi familia; mi esposa Yole y mis hijos Ezequiel y Eliezer, ellos también se han esforzado, dándome horas de su tiempo y paciencia para que este libro estuviera en sus manos. Agradezco a todos mis, consiervos, mentores y padres durante mi vida, los cuales han sembrado un poco de cada principio que hoy el Señor me permite exponer y enseñar. Agradezco a todos mis amigos y las iglesias que he podido pastorear durante mi vida, ya que el estar en contacto con tantas experiencias me ha permitido comprobar el increíble poder funcional que tiene la dependencia del Espíritu Santo. Agradezco en fin a todos los hombres y mujeres de Dios que han sido de inspiración para nuestras vidas y ministerios, enseñándonos el valor y la importancia de la vida sobrenatural, espero que podamos sostener la antorcha encendida y pasarla ardiendo a la próxima generación que cruzará las naciones mostrando la gloria del Señor en la máxima expresión de su manifestación.

INTRODUCCIÓN

Hay verdades que solamente nos son reveladas cuando logramos mover los escombros religiosos y enseñanzas tradicionales que fueron colocados en sustitución de la verdad divina. Tales enseñanzas surgieron porque la generación que las provocó no tuvo revelación ni acceso al diseño del Reino, por tanto, fabricaron un modelo religioso que intento sustituir la cultura del Reino de Dios. Durante este libro usted será confrontado a fin de que logre superar las barreras religiosas y descubra como tener acceso a la dimensión del Espíritu.

Este es un libro que habla de la Palabra de Dios en la comprensión y entendimiento en que las Escrituras la presentan, por lo que es de vital importancia comprobar que más allá de las concepciones humanas y religiosas tocante a este tema. Las Escrituras nos brindan una información que vale la pena redescubrir a la luz de la revelación del Espíritu Santo. Por tanto, notará que usamos el termino Palabra y el termino Escritura haciendo una importante distinción identificativa entre lo que es Escritura y aquello que la misma Escritura dice que es la Palabra.

Aun cuando todo creyente sabe lo que es la Palabra por revelación y manifestación en su vida, es también cierto que muchas veces no logramos ver y apreciar ese poder actuando en nosotros debido a que para la mayoría los términos Palabra y Escritura se encuentran ligados en una misma línea de comprensión, lo cual no presenta argumentación bíblica, porque la Escritura si es útil en presentar a la Palabra y detallar su naturaleza y no tenemos pruebas de que las Escrituras se auto titulen ser las dos cosas al mismo tiempo, antes bien hace notables distinciones entre la naturaleza, poder y propósito de cada una, lo cual redescubriremos durante este libro a fin de conectarnos directamente con el poder de la Palabra viva.

El libro que tiene en sus manos promueve el redescubrimiento de la importancia de las Escrituras en su naturaleza y riqueza divina, tal y como era para la iglesia primitiva, y el uso correcto de la Palabra en su estado vivo como fue enseñado por Cristo y los apóstoles.

El propósito central de este libro es promover el genuino estilo de vida del Reino de Dios, así como vivieron Cristo y sus discípulos; es conocer de forma personal la herencia más importante que dejara el Señor a la iglesia; El Espíritu Santo. Además redescubrir el estilo de vida que está sujeto a la voluntad revelada y la palabra que se manifiesta y encarna dentro de nosotros como testimonio de la verdad.

El estudio de este libro le llevara a comprender la vida en el Espíritu y la legalidad del Nuevo Pacto establecido por medio de Cristo. Su lectura pondrá de manifiesto los principios bajo los que vivieron los primeros cristianos y moverá los escombros religiosos que han surgido para sustituir lo genuino de Dios, por prácticas fabricadas en los laboratorios teológicos de la iglesia tradicional. Solo así comprenderá que no siempre una enseñanza teológica es una verdad bíblica. Lamentablemente muchas enseñanzas tradicionales han sido decoradas por los años, las costumbres y los paradigmas humanos, aunque siendo de poca argumentación escritural. Cuando una enseñanza ha traspasado las barreras de los años, llega a establecerse como una verdad, que al intentar moverla la mayoría de la gente reacciona incómodamente.

Este libro no es para nada tradicional, pero si está apegado a las enseñanzas bíblicas, lo cual no siempre es lo mismo. Tal es el caso del tema central que nos ocupa: La Palabra de Dios. La Biblia es muy clara al referirse al origen, poder e identidad de la Palabra, pero más allá de lo que la tradición pueda argumentar jamás las Escrituras se atribuyen ser en identidad propia esa fuente de poder.

Las Escrituras tienen la utilidad de comunicar algo que Dios haya dicho, pero jamás se atribuyen ser la palabra en personalidad propia, lo cual sería una gran contradicción porque ellas mismas revelan quien es la palabra y el poder que se desprende de él. Por tanto, el consejo de la las misma Escrituras es que cada hombre conozca a Jesucristo y tenga una experiencia con él. Él es la roca, el fundamento y la Palabra viva que sostiene la iglesia.

Nada que aprendamos por medio de la lectura puede ser más poderoso que aquello que recibimos por experiencia sobrenatural. El contacto con las cosas originales nos permite comprobar la vida y el poder que fluye en ellas.

Este libro es una defensa a la solidez de la Palabra viva como el fundamento de la iglesia, por medio de él descubrirá la fuerza y el poder de la Palabra de Dios. Comprenderemos por qué ella puede sostener el universo y puede ser también el fundamento del Reino.

Hoy nos acercaremos a la Palabra de Dios como quizás no lo hayamos hecho antes, creo que la palabra está en todo lo que hacemos y decimos, de hecho, ella misma es el fundamento de la iglesia, es la espada del Espíritu, es la fuerza vivificadora de Dios y la fuente por la que el hombre es lavado y transformado.

Definir correctamente el término Palabra es esencial para el redescubrimiento del poder sobrenatural que nos fue delegado y la autoridad viva que mora en cada creyente. Si logramos remover los escombros de tradición que ocultaron el poder de la Palabra tras fábulas viejas que no producen vida, seremos sin duda la generación que llenará la tierra con la gloria del Señor.

SOBRE EL CONTENIDO DEL LIBRO

A través de la lectura podremos converger de manera frecuente con referencias acerca del Nuevo Pacto establecido por medio de Jesús, y certificado con su muerte y resurrección.

El Nuevo Pacto es esencial para comprender el estado de la palabra de Dios en su alianza más reciente y legal. Difiere mucho del antiguo, ya que su establecimiento no depende de Escrituras en tablas, sino de la acción reveladora de escribir la justicia divina en el interior del hombre.

Ignorar el Pacto desorienta al hombre y lo hace poco efectivo, pues intentará manejar revelaciones nuevas bajo diseños viejos. Por tanto, es muy importante comprender el estado vivo que el Pacto le ofrece a la Palabra de Dios para que nuestro desempeño sobrenatural sea 100 % legal.

Del Nuevo Pacto podremos hablar en otros libros, en este nos ocuparemos de su conexión con la naturaleza original de la Palabra, a fin de redescubrir su uso y poder en medio del cuerpo de Cristo.

Su contenido está dividido en cuatro tópicos: El primero muestra los fundamentos esenciales para restaurar nuestro conocimiento y uso de la Palabra de Dios a partir de la legalidad del Pacto. Esto nos revelará la fuerza y el poder que nos fueron concedidos por herencia en Cristo Jesús.

El Segundo trata sobre los principios que operan para que la Palabra viva se manifieste y fluya a través de nosotros. Estas verdades nos alistarán para ser instrumentos del poder de Dios.

El Tercer tópico nos advierte sobre los enemigos de la Palabra, su propósito es desenmascarar las tendencias humanas y religiosas que nos alejan de nuestra relación personal con Dios y su influencia en nuestro espíritu.

El Cuarto y último tópico nos muestra brevemente las dimensiones en que podemos fluir para que la Palabra de Dios se desate por medio de nosotros.

De esta forma nos acercaremos al propósito principal de este libro que es restaurar nuestro derecho legal de establecer alianza sobre la Palabra directa de Dios según el Nuevo Pacto y fluir en el poder vivo de los decretos divinos.

Caminar por el trillo dibujado en la hierba es tarea fácil, lo difícil es hacer el trillo.

Somos parte de una generación que Dios ha puesto por su gracia en un proceso de aceleración, trayendo como resultado que Dios haga en poco tiempo lo que normalmente toma años. Muchas personas en el mundo están siendo tocadas por la gracia de Dios y recibiendo una asignación divina para su entorno, porque los tiempos están al límite y esta generación debe transitar con celeridad para alcanzar el propósito de Dios que fue anunciado desde el principio. Por esta causa, los árboles pequeños no han tenido tiempo para crecer antes de que sus frutos se muestren grandes y abundantes. Esto es lo que estamos presenciando en toda la tierra; una generación sin nombre y sin rostro que apenas se conoce, sin tiempo para crecer lo suficiente como para llegar a ser vistos por los ojos del mundo, sin embargo comenzaron a dar frutos por toda la tierra, frutos que aceleran los tiempos de restauración profetizados desde el principio.

Cuando una verdad es dicha fuera de tiempo puede ser incomprendida y rechazada, pero si el Espíritu de verdad levanta hijos que la oigan, entonces esa verdad trascenderá y cruzará las barreras religiosas que intenten detenerla. Hoy tengo la fe de que estas palabras hagan nido en tu corazón y comprendas la necesidad que tenemos de vivir en conexión con Cristo.

El contenido de estas páginas abre una brecha hacia una conexión más profunda con Cristo y una dependencia del Espíritu mucho más real que la que pretende fabricar la religión tras sus reglas y mandamientos. No digo que será fácil restaurarlo todo, pero lo que es imposible para los hombres es posible para Dios.

Pongo en sus manos lo que asimismo recibí del Señor, espero que la lectura de este libro pueda transformar su vida, así como la revelación del Espíritu trasformó la mía.

Enrique Boix

PRIMERA PARTE

FUNDAMENTOS

PARA EL CONOCIMIENTO DE LA

PALABRA

El redescubrimiento de la naturaleza original de la palabra de Dios nos revela la fuerza e identidad del fundamento de la iglesia.

CAPÍTULO 1

LA **IDENTIDAD** DE LA **PALABRA**

En el principio era el Verbo, y el Verbo era con Dios,
y el Verbo era Dios.

(Jn. 1:1)

Solo cuando aprendamos a reconocer a la Palabra
como alguien y no solo como algo, descubriremos
el poder que se encuentra morando en nuestras vidas.

El poder más grande en todo el universo es la Palabra de Dios. El fundamento más sólido en toda la existencia está en los decretos divinos, ellos son capaces de conservar y sostener en su lugar cada fenómeno o cuerpo celeste existente en el universo, lo cual es radicalmente extraordinario.

Fue esa asombrosa fuerza la que traspasó mis sentidos y golpeó mi espíritu para abrir mi entendimiento a la verdad de su poder sobrenatural. Mi vida nunca más volvería a ser la misma, esa experiencia con la Palabra fue la base que me condujo a conocer a Dios de forma personal y comprender la vivencia y realidad de su naturaleza, solo entonces percibí que ninguna otra fuerza o mecanismo puede transformar la vida del hombre con la misma intensidad que la Palabra lo hace. La Palabra de Dios es indetenible e incuestionable, su manifestación en la vida del hombre provoca cambios irreversibles que ningún otro poder puede detener. A través de este capítulo me gustaría mostrarle la causa por la cual la Palabra posee semejante fuerza y la razón por la que debemos redescubrir su naturaleza.

De esta forma quisiera introducir los principios que aprendí en la escuela del Espíritu, los cuales están dirigidos hacia el propósito de manifestar la verdad más grande que podamos comprender acerca de la Palabra de Dios, esa verdad es su inevitable e innegable personalidad. Esta es una de las verdades más sencillas tocante a este misterio, la cual las Escrituras expresan de forma muy clara, podemos denominarla: La Identidad de la Palabra. Reconocer la Identidad de la Palabra es solo el principio hacia el redescubrimiento del poder sobrenatural de los decretos y la restauración de su influencia en medio de la iglesia.

La importancia de la identidad.

La identidad nos define, nos orienta, nos protege, nos clasifica y nos describe. Tener identidad es importante para el cumplimiento de cualquier tarea, pero aún más para mantener el apego al propósito y al destino de nuestras vidas. Sin identidad el hombre carece de sentido común, de orientación y hasta de responsabilidad, porque la identidad no solo define quiénes somos, sino también qué debemos hacer en cualquier circunstancia.

Carecer de identidad es carecer de dirección en la vida, es carecer de propósito y destino, solo una identidad fuerte puede llevarnos a cumplir nuestra misión, por consiguiente, quitarle la identidad a cualquier cosa o persona la hace desaparecer o morir, porque su poder está basado en lo que es. Comprender la identidad de la Palabra es la clave inicial para desatar su poder pleno en nuestras vidas.

Este es el principio más importante de la Identidad de la Palabra. La mayoría de los creyentes entienden la Palabra solo como ALGO y no como ALGUIEN, por lo que nuestro entendimiento religioso se embota y nos perdemos la manifestación de un poder que nació para la iglesia apostólica y que debió heredarlo la generación posterior, pero en cambio, se detuvo por falta de revelación y aceptación de la continuidad de la inspiración divina, que a partir de la encarnación y de la manifestación del Espíritu Santo se dispuso para todo creyente (Jn. 1:14).

Cuando no podemos ver a la Palabra como alguien y la vemos solo como algo, restamos poder a su manifestación y solemos convertirla en aquello donde se manifestó. En el capítulo siguiente veremos las manifestaciones de la Palabra a través de la historia. Por el momento solo puedo decir que la Palabra de Dios tiene identidad propia y respetar esa identidad es lo más importante para experimentar su poder.

La encarnación del logos.

Para muchos el término *palabra* solo significa sonidos articulados que se expresan por la boca o segmentos en la cadena hablada, sin vida ni poder, otros atribuyen este significado a las composiciones escritas que expresan ideas, pero la Palabra de Dios es muy diferente, tiene vida en sí misma e identidad propia, no puede ser analizada y comprendida tal y como juzgamos nuestras propias palabras.

La Palabra de Dios es viva, moraba en el seno del Padre y se nos manifestó, se dio a conocer en un momento crucial de la historia humana, para revolucionar, alinear y restaurar el conocimiento acerca de Dios y su naturaleza, es decir, la Palabra tomó forma humana y se presentó entre los hombres, lo cual expresa con extraordinaria exactitud el discípulo amado: *Y aquel Verbo fue hecho carne, y habitó entre nosotros* (Jn. 1:14).

Una de las ideas más claras que podemos comprender en el evangelio del apóstol Juan en el capítulo uno es que Jesús es el verbo de Dios. Como ya muchos conocen, el término *logos* hace alusión a la Palabra, aunque en realidad es mucho más profundo, pues se refiere a la palabra que brota de una fuente de conocimiento o sabiduría. El apóstol Pablo lo expresó de la siguiente forma:

Los judíos piden señales, y los griegos buscan sabiduría.
(1 Co. 1:22)

Mas para los llamados, así judíos como griegos,
Cristo poder de Dios, y sabiduría de Dios.
(1 Co. 1:24)

No debemos olvidar que *logos* es simplemente una palabra griega usada comúnmente por esta cultura para referirse al razonamiento y estudio, a la inteligencia y discurso, a la palabra que trasmite una enseñanza. Pero este significado natural no representa el centro de la comparación que el apóstol Juan hace con Jesús. Juan no usó su significado literal, sino más bien sus connotaciones tipológicas basadas en la revelación sobrenatural y las declaraciones de otros pensadores griegos, las cuales aseguraban que la Palabra es la fuerza, el poder y la sabiduría que sostiene todas las cosas y conserva el orden y el proceso natural de la existencia. Este significado fue única y exclusivamente aplicado a Jesús, como el logos de Dios, no a todas las apariciones de esta palabra a través del relato bíblico, por tanto es un gran error tomar el término *logos* fuera de la aplicación hecha a Cristo y describirlo como la Palabra eterna que sostiene todas las cosas, esa aplicación es única y exclusivamente atribuida a Jesús, las demás apariciones de este término deben comprenderse en su forma simple, sin consecuencias filosóficas, solo así conservaremos la pureza de esta revelación.

La aplicación que Juan hace del *logos* no solo define la Palabra en su forma simple, sino que muestra a la Palabra que expresa tanto sabiduría como poder. El apóstol Juan introduce por primera vez a Cristo en el escenario de su verdadera identidad.

En el principio era el Verbo,
y el Verbo era con Dios,
y el Verbo era Dios.
Este era en el principio con Dios.
Todas las cosas por él fueron hechas,
y sin él nada de lo que ha sido hecho, fue hecho.
En él estaba la vida y la vida era la luz de los hombres.

(Jn. 1:1-4)

Y aquel Verbo fue hecho carne,
y habitó entre nosotros (y vimos su gloria,
gloria como del unigénito del Padre),
lleno de gracia y de verdad.

(Jn. 1:1-4)

Nadie expresó jamás tal revelación como Juan lo hizo. Jesús no solo fue un enviado de Dios, no solo fue y es el hijo unigénito del Padre celestial, no solo fue el mesías prometido a Israel, él es mucho más que todos estos aceptados títulos. Cuando leemos cuidadosamente la revelación de Juan y escuchamos el testimonio del Espíritu dentro de nosotros, no es difícil darse cuenta de que Jesús es aquella Palabra que creó todas las cosas (*Todas las cosas por él fueron hechas, y sin él nada de lo que ha sido hecho, fue hecho*), así también lo declaró el escritor del libro a los Hebreos:

Por la fe entendemos haber sido constituido el universo
por la Palabra de Dios, de modo que lo que se ve
fue hecho de lo que no se veía.

(He. 11:3)

Jesús no tenía cuerpo humano, no se llamaba Jesús mientras era la Palabra en el seno del Padre en los cielos, su función era ser Dios en toda la plenitud de su comprensión (Fil. 2:6), ya que él representaba el poder de los decretos divinos, esto incluye la creación, su orden, el balance natural de todas las cosas y la permanencia de todo decreto en los cielos hasta hacer que sucedan según el tiempo para el que fueron anunciados.

Al comprender esta revelación podemos entender que la Palabra de Dios siempre tuvo vida en sí misma y que ella puede manifestarse como quiera en cualquier circunstancia pero jamás pierde su identidad. Aun en los tiempos de las manifestaciones anteriores, las cuales veremos más adelante, el salmista David declaró:

> *Para siempre, oh Jehová,*
> *permanece tu palabra en los cielos.*
>
> (Sal. 119:89)

LA PERSONALIDAD DE LA PALABRA.

Es importante establecer la diferencia entre objeto y persona, ya que esta distinción es lo que marca la diferencia entre utilidad e indispensabilidad. Un objeto es útil, una persona es indispensable, por ejemplo: un objeto es útil para realizar una tarea, pero la persona puede realizarla sin el objeto aunque le tome más trabajo, pero es totalmente imposible que el objeto haga la tarea sin la intervención de la persona. La diferencia entre objeto y persona nos muestra la separación entre utilidad instrumentaría y autoridad personal.

Esta aclaración se hace necesaria para derribar un argumento tradicional que le otorgó personalidad a uno de los instrumentos más útiles que comunica la Palabra. Este instrumento es la Escritura. La Escritura es un instrumento que garantiza la postergación de los decretos y la enseñanza divina, pero su uso no es en calidad de persona sino de instrumento. Leamos este ejemplo:

Ejemplo 1
Toda la Escritura es inspirada por Dios y útil para
enseñar, para redargüir, para corregir,
para instruir en justicia.

(2 Ti. 3:16)

Ejemplo 2
La palabra de Dios es viva y eficaz, y más cortante que
toda espada de dos filos; y penetra hasta partir el alma
y el espíritu, las coyunturas y los tuétanos, y discierne los
pensamientos y las intenciones del corazón.

(He. 4:12)

En el primer ejemplo vemos de manifiesto el principio de la utilidad, la Escritura es presentada en calidad de instrumento, ya que se dice que es ÚTIL para realizar la tarea, pero ella misma, por sí sola no la puede realizar, lo que significa que el que la realiza, el cual es Dios, o el maestro que el escoja, toma la Escritura como una herramienta de utilidad para realizar con eficacia esa tarea.

En el segundo ejemplo se pone de manifiesto el principio de la indispensabilidad, ya que la obra se realiza en calidad de persona; es decir: La Palabra está viva y ella misma es quien penetra y discierne, no lo hace nadie en su lugar, para esto puede usar instrumentos pero la obra se atribuye a ella en calidad personal. Para definirlo mejor podemos decir que los hombres pueden usar las Escrituras, pero la Palabra usa a los hombres. Los hombres podemos usar cualquier información como una herramienta útil, más cuando interviene el poder vivo de la Palabra, nuestra información cobra poder y los hombres nos transformamos en los instrumentos, porque la Palabra está viva y tiene ascendencia sobre nosotros.

Este ejemplo sencillo nos demuestra que Palabra y Escritura son dos términos muy importantes pero diferentes, es cierto que la voluntad de Dios puede estar plasmada en las Escrituras, pero eso no significa que la Palabra pierde su identidad y desaparece para que la Escritura tome su nombre, por tanto es necesario comprender que ambos términos son importantes para la formación del creyente sin necesidad de fusionarlos.

Si leemos con cuidado el texto que sigue a hebreos 4:12, nos daremos cuenta que la Escritura misma trata a la Palabra en calidad de persona, dice así:

La palabra de Dios es viva y eficaz, y más cortante
que toda espada de dos filos; y penetra hasta partir el alma
y el espíritu, las coyunturas y los tuétanos, y discierne
los pensamientos y las intenciones del corazón. Y no hay
cosa creada que no sea manifiesta en su presencia; antes
bien todas las cosas están desnudas y abiertas a los ojos
de aquel a quien tendremos que dar cuenta.
(He. 4: 12-13)

Como podemos ver, el escritor viene definiendo la obra de la Palabra. El apóstol asegura que la Palabra está viva, que ella penetra en el hombre, que discierne los pensamientos del corazón y por último declara que todos estaremos en su presencia y que tendremos que darle cuenta de nuestras acciones. Esta declaración es un sustento de las Palabras de Cristo:

El que me desecha, y no oye mis palabras,
tiene quien le juzgue: La Palabra que he hablado,
ella le juzgará en el día postrero.
(Jn. 12:48)

Jesús es la Palabra de Dios, todo lo que hace es expresarse a sí mismo, toda su vida es una enseñanza, por lo tanto las Palabras que habló tenían espíritu y vida (Jn. 6:63). Estas palabras son su misma naturaleza vivificadora ante la cual estaremos un día.

El verdadero nombre de Cristo.

La revelación de la personalidad de la Palabra no solo está presente en la descripción de las cartas apostólicas, sino también en el cuadro profético de la manifestación de Cristo en los días finales. El apóstol Juan narra de forma inigualable la manera en que se presenta el Señor Jesús ante él. Juan le conoció mientras estuvo entre los hombres, sencillo, prudente y humilde. Le vio sufrir el martirio, sumiso, callado, humillado, pero ahora ha venido para revelarle su verdadera identidad de poder. Veámoslo:

Sus ojos eran como llama de fuego,
y había en su cabeza muchas diademas;
y tenía un nombre escrito que ninguno conocía sino el
mismo. Estaba vestido de una ropa teñida en sangre; y su
nombre es: EL VERBO DE DIOS.
(Ap. 19:12-13)

Sí amigo lector, el verdadero nombre que describe a Cristo es LA PALABRA. Este es un título que pertenece a él exclusivamente. Redescubrir esta verdad lanzó mi vida a una nueva dimensión de mi relación con él, y me hizo entender secretos y revelaciones que deseo compartir en este libro para que protagonicemos la generación que se moverá en la plenitud de su poder.

Trastornos identificativos.

Obviar la personalidad de la Palabra y darle calidad de objeto, encerrándola únicamente en el contenido de las Sagradas Escrituras, ha provocado un trastorno considerable en la terminología y la correcta interpretación escritural. Uno de los ejemplos más claros está al leer el conocido texto de Efesios 6:17.

Y tomad el yelmo de la salvación,
y la Espada del Espíritu,
que es la Palabra de Dios.

(Ef. 6:17)

Una de las preguntas más populares dentro de los servicios actuales es: "¡¡¡Cuantos trajeron su espada!!!?", y el rimbombante "Amén" de las congregaciones, mientras levantan sus Biblias en alto nos da a entender fácilmente que la comunidad cristiana de hoy ha terminado aceptando que el apóstol Pablo está hablando de la Biblia en esta exhortación a la iglesia de Éfeso.

Es irónico que los mismos que alegan defender la sana doctrina de la iglesia respalden tan descabellada idea. ¿Cómo es posible que el apóstol Pablo se refiera a la Biblia, si los creyentes gentiles a los que dirigió esta carta apenas tenían acceso libre a los escritos de Moisés? Mucho menos la compilación escrita que hoy poseemos. En otras palabras, no tenían Biblias ¿Cómo puede el apóstol decirles que usen lo que no tienen? Aún más terrible sería reconocer que el término griego *rhema* empleado para denotar Palabra en esta referencia escritural, es un término muy exclusivo que expresa la aparición de una Palabra revelada para una ocasión específica.

Definitivamente Pablo no hablaba de las Escrituras, hablaba de la Palabra de Dios que se revela por medio del Espíritu, por esta causa le llama: la espada del Espíritu.

Esta espada puede ser provista por diferentes fuentes que el Espíritu utilice, las Escrituras pueden ser usadas como una espada si el Espíritu así lo decide, pero también puede proveer la Palabra por medio de profecías, de visiones, de sueños, etc.

Otro trastorno muy habitual a causa de la variación de los términos pude presenciarlo mientras observaba a unos jóvenes predicar en un parque. Ellos entregaban porciones de las Escrituras en pequeños papeles y seguían adelante sin comunicarse con las personas. Sin poder comprender lo que veía me acerqué a uno de ellos y le pregunté: "¿Por qué no les hablan a la gente?". Su respuesta me dejó boquiabierto, me dijo: "Porque la Palabra se predica a sí misma. Ella nunca regresa vacía".

El error tradicional les enseñó a estos jóvenes que dar porciones de las Escrituras es predicar la Palabra y por consiguiente, ellos le aplicaron el texto de Isaías que dice:

> *Así será mi palabra que sale de mi boca; no volverá a mí*
> *vacía, sino que hará lo que yo quiero, y será prosperada*
> *en aquello para que la envíe.*
>
> (Is. 55:11)

Observe, la Palabra sale de la boca de Dios y no regresa vacía, ¿quién les enseñó a estos jóvenes que Isaías está hablando de la Biblia? Por supuesto, fue la tradición, la misma que ha ignorado que la identidad de la Palabra que sale de la boca de Dios es Cristo, por tanto la Palabra es algo vivo, mientras que la letra es algo que está en estado inerte, así que, por sí sola solo produce muerte. (2Corintios.3:6-7) pero la Palabra está viva y solo el Espíritu del Dios vivo puede actuar sobre algo que está muerto y vivificarlo a fin de que produzca vida en el hombre. La letra no es la espada en sí misma, la palabra es una fuerza viva que se manifiesta en todo aquello que el Espíritu de Dios toca. Observe como lo dice el apóstol Pablo:

> *Somos ministros de un nuevo pacto, no de la letra,*
> *sino del espíritu, porque la letra mata,*
> *pero el Espíritu vivifica.*
>
> (2Corintios.3.6)

Aun cuando la Letra este en estado inerte y su uso en su propio estado solo produzca muerte en el hombre, existe una fuerza que puede hacer que lo que esté muerto sea vivificado, pues bajo ese estado de muerte se encuentran escritos los tesoros de Dios, pero están condicionados a la intervención directa del Espíritu Santo, de otra manera solo producirá condenación y muerte. Solo cuando el Espíritu actúa sobre una Escritura determinada le otorga un estado vivo, a fin de que pueda ser introducida en nuestro espíritu como revelación, y sea capaz de cortar, sanar y producir vida. De no ser así, sigue siendo letra. La letra en su propio estado es útil para enseñar, instruir, corregir, pero no para vivificar, sanar, transformar, crear. Estas cosas solo las hace la Palabra, y pueden ser ocasionadas a través de algo que estuvo escrito si el Espíritu Santo está actuando sobre ello haciéndole que produzca vida en el hombre.

Como podemos ver la Escritura tiene un uso muy importante para todo creyente, pero la prioridad es el Espíritu. El es el autor de la vida y de todo lo que pueda conducirnos a la verdad del Reino. Por tanto debemos aprender a leer las Escrituras y también a escuchar la Palabra.

Los ejemplos anteriores a estas declaraciones proceden de una cultura tradicional que fusionó ambos términos, sin poder distinguir claramente entre el poder y la identidad original de la palabra y el uso de las Sagradas Escrituras.

Estos errores de aplicación han llegado a sucumbir en la práctica de la predicación de la iglesia, pero representan solo una pequeña muestra de los grandes errores que se desprenden del trastorno identificativo tocante a la Palabra de Dios. Es indispensable que la iglesia de hoy redescubra la identidad de la Palabra y el poder que fluye por medio de ella y a través de nosotros.

Hoy hemos redescubierto una de las verdades más importantes del mundo sobrenatural: Cristo es la Palabra y esa Palabra vive en mí. Además ha comprendido que la palabra está viva y que solo el Espíritu de Dios puede otorgarle ese estado a cualquier cosa sobre la que el actúe. Ya puedes imaginar todo lo que eso representa y cómo podemos fluir en la autoridad que Dios ha depositado en sus hijos. Si estás listo para caminar en el poder sobrenatural que el Señor vino a mostrar primeramente has una oración conmigo.

Oración final.

Querido Padre, acepto ser el depósito de tu Palabra y me arrepiento dentro de mí si en alguna ocasión no he honrado esa herencia que nos has dejado por medio del Espíritu Santo. Pongo mi vida dentro de la tuya y mi voz dentro de tu voz para que tú me santifiques y me uses conforme a tu propósito. Restaura mis pensamientos y mis razonamientos y permite que esta semilla sea sembrada en mi espíritu a fin de que dé fruto dentro de mí y se manifieste afuera donde la gente sufre y espera un milagro. En el nombre de Jesús, tu Hijo amado y el Verbo de vida. Amén. Ahora podemos continuar.

CAPÍTULO 2

LAS **MANIFESTACIONES** DE LA **PALABRA**

El que tiene mis mandamientos y los guarda, ese es el que
me ama; y el que me ama, será amado por mi Padre,
y yo le amaré y me manifestaré a él.

(Jn. 14:21)

La Palabra tiene autoridad para manifestarse en
diferentes instrumentos, pero jamás pierde
su identidad propia.

Para la mayoría de los latinos es normal pedir un vaso de agua cuando se tiene sed, al decirlo así muy pocos se percatan de que los vasos de agua no existen, en realidad deberíamos pedir un vaso con agua, pero este error gramatical es muy natural en nuestro lenguaje, de igual forma decimos, el cubo de basura, el plato de sopa y otros tantos ejemplos. Esto se debe a que con frecuencia solemos llamar al recipiente útil con el nombre de aquello que se manifestó en él. Pero esto no quiere decir que sea cierto, en realidad, el plato nunca será la sopa y el vaso jamás será el agua, por tanto, el recipiente siempre será el recipiente y el alimento o material original que se depositó también. Esta es la esencia de este capítulo, en él descubriremos las tres manifestaciones de la Palabra a través de la historia de la humanidad antes de la encarnación del verbo y entenderemos que ningún instrumento o recipiente que la Palabra utilice tiene autoridad para sustituir la identidad original del Verbo de vida, pero sí la capacidad de comunicar la voluntad eterna.

Una de las características principales de todo recipiente o instrumento que la Palabra ha usado antes de su encarnación, es que tienen la utilidad de comunicar tanto su sabiduría como su poder pero carecen de la autoridad para mostrarlo, a menos que el Espíritu Santo actúe detrás del instrumento generando vida y poder. Hoy nos acercaremos a una verdad que nos ayudará a comprender la importancia de un instrumento o recipiente del poder sobrenatural. Una vez que pongamos en orden algunos aspectos claves despegaremos hacia el conocimiento pleno que desatará la autoridad de la Palabra en nuestras vidas. Si estás listo, te invito a redescubrir juntos esta dimensión.

Como dije anteriormente la Palabra de Dios tiene poder para manifestarse, sin que la obra que realice o el recipiente que utilice roben su identidad original, de esta forma la Palabra se ha manifestado en tres ocasiones antes de su encarnación, las cuales veremos a fin de introducirnos en la dimensión en que la Palabra viva fluye para nosotros.

¿Qué es una manifestación?

Una manifestación es una exhibición pública, es algo que se revela en el escenario visible, de ahí toman nombre las protestas y quejas sociales organizadas, ya que cuando deseamos dar a conocer lo que sentimos y creemos lo manifestamos donde todos lo vean, para que conozcan lo que sucede.

Podemos definir que una manifestación es algo que podemos ver y comprender, de esta forma veremos la Palabra de Dios, ya que Dios ha hablado de muchas maneras y en diferentes épocas, pero no siempre ha manifestado su Palabra, no siempre la Palabra ha utilizado vehículos visibles para comunicar un mensaje, una verdad, una ley, un propósito o un destino. Cada una de las manifestaciones que veremos fueron herramientas que la Palabra utilizó para manifestarse y expresarse en el escenario visible, de esta forma podremos llegar a la manifestación que Dios diseñó para nuestra generación.

Primera manifestación: La Creación

> *Por la fe entendemos haber sido constituido el universo*
> *por la palabra de Dios, de modo que lo que se ve*
> *fue hecho de lo que no se veía.*
>
> (He. 11:3)

La creación representa la gran inauguración del conocimiento de la Palabra, de hecho ella es el resultado de que Dios abriera su boca. Tal y como lo pensamos, así Dios emitía palabras que plasmaban su resultado en el escenario visible. La Palabra de Dios fue desatada desde una dimensión diferente y superior, la cual quedo separada de la nueva creación que nacía, y así se formó la morada terrenal del hombre, corona de toda esta creación original.

La creación no es más que la sustancia de la expresión de Dios, todo cuanto podemos ver es el resultado de sus decretos. Podemos afirmar que la primera vez que la Palabra hizo entrada a la dimensión que hoy conocemos, lo hizo por medio de la creación del universo, de modo que la creación es la primera manifestación visible de la Palabra.

Como manifestación, la creación puede expresar un mensaje tan claro como el que contienen nuestras Biblias, así lo expresa el apóstol Pablo:

> *Porque las cosas invisibles de él, su eterno poder y deidad,*
> *se hacen claramente visibles desde la creación del mundo,*
> *siendo entendidas por medio de las cosas hechas,*
> *de modo que no tienen excusa.*
>
> (Ro. 1:20)

¿Quién no tiene excusa? Por supuesto, quien intente darse el lujo de no creer en Dios. El apóstol asegura que la creación misma puede testificar de su poder y de su deidad, al punto de dejar sin justificación al que intente alegar: "yo nunca leí", o "yo nunca escuché hablar de él".

La creación no solo puede testificar de la existencia, sino también de cosas más profundas (*las cosas invisibles de él*), es un canal de revelación y de exhibición de la reputación de Dios, porque expresa la gloria de su creador.

> *Los cielos cuentan la gloria de Dios*
> *y el firmamento anuncia la obra de sus manos.*
> (Sal. 19:1)

La creación tiene la capacidad de testificar de Dios, puede hablarle al corazón del hombre y revelarle el poder de su creador, puede contar la gloria de su Señor y expresar por medio de su perfección la grandeza de su diseñador.

> *Cuando veo los cielos obra de tus dedos la luna y las*
> *estrellas que tú formaste digo, que es el hombre para que*
> *tengas de él memoria.*
> *(Salmo 8)*

Esta es una cualidad que las manifestaciones de la Palabra tienen, pero por más eficaz que sean en revelar, enseñar o demostrar, no pueden ocupar la identidad de la Palabra que les dio vida.

Este principio estará presente en toda manifestación y representa el fundamento de la identidad de la Palabra y de su manifestación viva en los creyentes actuales. La Palabra siempre será más grande que el mensajero o el instrumento donde se deposite su mensaje.

Podemos terminar esta manifestación definiendo que la Creación es la primera forma en la que la Palabra se manifestó y el primer mensaje que da testimonio de la grandeza y la existencia de Dios. Aun cuando el hombre no posea ninguna otra fuente de información, la creación puede testificar y predicar de su creador.

La creación existe por la Palabra, pero ella no es la Palabra, porque la obra, el recipiente, o el instrumento que la Palabra utilice, tienen la capacidad de expresarla, pero no la autoridad de apoderarse de su identidad. Esto es así, porque como ya sabemos, la Palabra tiene identidad propia.

Segunda manifestación: La Ley escrita.

Nunca se apartará de tu boca este libro de la ley,
sino que de día y de noche meditarás en él.
(Jos. 1:8)

Toda la Escritura no surgió de la misma forma que la Ley lo hizo. La Ley fue dictada literalmente a Moisés, esto trajo como resultado el establecimiento de un régimen por medio de la letra (Ro. 7:6). Este régimen representó el gobierno de Dios para el pueblo hebreo.

El dictado divino es el punto clave para que la Ley fuera establecida como una manifestación de la Palabra. En ella estaba todo cuanto Dios exigía de su pueblo. La Ley abarcaba todo sector en la vida social y religiosa, ella representaba a Dios, su deseo y su voluntad.

Podemos afirmar que la Ley es un intento por acercar más al hombre a la voluntad de Dios, de esta forma y por primera vez la Palabra divina se manifiesta de forma legible, ya lo hizo de forma visible (*la creación*), ahora lo hace de forma legible (*la letra*). Esto sucedió únicamente porque el Pacto establecido por Dios en el monte Sinaí así lo propició, y se mantendría hasta que viniera otro Pacto establecido por medio de la encarnación del verbo donde Dios escribiría, ya no en tablas, sino en el corazón de los hombres. (2Cor.3:3) Este Pacto no solo nos permitiría conocer qué es la Palabra sino también quién es la Palabra, a fin de revelar la sustancia de aquellas cosas que solamente fueron sombra de lo que había de venir.

La letra es también visible, de lo contrario no podría ser una manifestación. La Escritura posee la valiosa utilidad de expresar la voluntad de Dios de forma comprensible y con la posibilidad de extenderla y traducirla a otros idiomas. Podemos reconocer que la voluntad de Dios encontró una herramienta muy útil en las Escrituras, pero eso no significa que la Escritura tenga la autoridad para desplazar a la Palabra de su naturaleza original y viva. Pero la Escritura si es idónea para darle legalidad escritural en la tierra a los dichos de Dios, de forma que su estudio y lectura es de suma importancia para la formación de todo creyente. Al hablar de Escritura nos referimos a toda la Biblia, aunque debemos estar conscientes de que el régimen escritural que fue denominado una manifestación de la Palabra por el contenido neto de su mandato no son los 66 libros que hoy conocemos, sino aquella Ley dictada a Moisés que fue introducida hasta que se cumpliese la promesa dada a Abraham, luego la Palabra se manifestaría en otra naturaleza, fuerza y poder que veremos más adelante.

Es importante aclarar que este régimen de la letra que vivió el pueblo judío fue sustituido por otro régimen en la instauración del Nuevo Pacto, así lo dijo el apóstol Pablo:

> *Pero ahora estamos libres de la ley, por haber muerto*
> *para aquella en que estábamos sujetos, de modo*
> *que sirvamos bajo el régimen nuevo del Espíritu,*
> *y no bajo el régimen viejo de la letra.*
>
> (Ro. 7:6)

Esto no significa que los principios de la Ley, su enseñanza y justicia, no sean provechosos para mí. La Ley puede ser aprovechada por quien es espiritual y tiene fe, pero es una realidad que el régimen que gobierna nuestras vidas y guía nuestros pasos es espiritual, porque es el Espíritu quien actúa sobre los principios escritos, enseñándolos y vivificándolos, pero esto podremos comprenderlo mejor en próximos capítulos.

Podemos comprobar que los escritores bíblicos sabían diferenciar entre Escritura y Palabra. Para ellos estos términos no estaban ligados, quizás no todos sabían la identidad de la Palabra como usted lo sabe gracias a la revelación encarnada descrita por Juan, pero es un hecho que podían diferenciar entre una y la otra.

El joven Samuel ministraba a Jehová en presencia de Elí;
y la palabra de Jehová escaseaba en aquellos días.

(1 S. 3:1)

El término *escaseaba* usado en esta referencia es *yaqar* que literalmente significa "muy precioso", como el caso de la perlas y las joyas. Luego lo que es precioso suele ser escaso, por esta razón muchas traducciones dicen que la Palabra de Jehová escaseaba y que la visión no era frecuente. De igual forma, se hace un trato independiente muy obvio entre la Palabra y la Escritura, pues lo que escaseaba en ese tiempo no podía ser la Escritura, porque ella estaba presente en el oficio de todo sacerdote, pero la Palabra no respaldaba este liderazgo.

Porque la ley no faltará al sacerdote,
ni el consejo al sabio, ni la palabra al profeta.

(Jer. 18:18)

Este es otro ejemplo sencillo de distinción entre estos términos ya que son mencionados reflejando tres áreas de autoridad, la Ley como la justicia, el consejo como la sabiduría, y la Palabra como la autoridad suprema de Dios.

Para los hebreos estaba claro qué era la Palabra de Dios y qué podía ser un canal para ella. Lo que está escrito es una regla infalible en calidad de Escritura Sagrada e inspirada, porque la Escritura no puede ser quebrantada. (Jn.10:35) por lo que es innecesario tratar de ignorar la Palabra y poner a la Escritura en sustitución general de ella con el propósito de otorgarle mayor fuerza. Las Escrituras no necesitan ser tituladas con la identidad de la Palabra para darle mayor credibilidad, los creyentes debemos aprender a respetar la autoridad de las Escrituras en su propia naturaleza escrita, pero también es de igual vitalidad que aprendamos a vivir oyendo la Palabra viva por el Espíritu, la cual confirma y revela todo cuanto nos ha sido dado anteriormente y aún más allá.

Podemos terminar diciendo, que la Ley o las Sagradas Escrituras, fueron la segunda manifestación de la Palabra, donde se estrenó la voluntad legible de los decretos divinos. Dios hablaba a Israel por medio de ella. Así que la Ley contenía escrita la Voluntad de la Palabra que se revelaría proféticamente en el nuevo pacto, pero no era directamente la naturaleza original de la Palabra, sino la sombra de su manifestación futura, porque la Ley solo sería la sombra que nos conduciría hasta el mismo cuerpo, el cual es Cristo, la Palabra viva.

Tercera manifestación: Los profetas

Y me dijo Jehová: No digas: Soy un niño; porque a todo
lo que te envíe irás tú, y dirás todo lo que te mande.
(Jer. 1:7)

Los profetas marcaron una época ministerial sin precedentes muy a pesar de tener el libro de la Ley. Dios se manifestó a través de ellos para dar a conocer su propósito y su plan con Israel y el resto de las naciones de la tierra.

Los profetas expresan una manifestación de la Palabra muy poderosa, eran respaldados por señales y diversos milagros, tenían experiencias increíbles para cualquier ser humano normal y esto era notorio a los que le rodeaban.

Los profetas representan la tercera manifestación de la Palabra, ya que Dios habló por medio de ellos, expresó su voluntad y manifestó su poder.

Lo más significativo del ministerio profético de la antigüedad era la forma en que en muchas ocasiones el mensaje no estaba en la boca del profeta, sino en sí mismo. Existen muchos ejemplos donde podemos ver cómo Dios envía al profeta a realizar tareas donde el efecto que estas tareas causaban sobre el mismo profeta era en esencia el mensaje que se deseaba traer (Is. 20:1-4). Estos acontecimientos han propiciado que algunos piensen que el profeta es la Palabra misma. Pero este es nuevamente un error que nos impide reconocer lo original e insustituible que es la Palabra eterna de Dios en su comprensión identificativa.

Esta manifestación estrenó la capacidad de oír y exponer la Palabra, de manera que hasta aquí hemos visto la manifestación visible, la manifestación legible, y la manifestación audible y pronunciable. De igual forma vemos que la Palabra ya utilizó las obras, luego un recipiente y por último un instrumento humano, lo que le otorga capacidad de audición a la Palabra. De esta forma el mensaje se acerca mucho más al hombre.

Estos canales son solo almacenes y proveedores de mensajes para la palabra de Dios, pero la fuerza viva que genera el poder transformador de la Palabra solo opera en su naturaleza original la cual es Cristo mismo.

El profeta trae la Palabra, la habla, la expresa, pero él no es la Palabra, sino un instrumento de ella.

Estas manifestaciones sucedieron antes de la encarnación, por lo que tenían la posibilidad de comunicar la Palabra, pero no el poder de ser la Palabra, este poder sería exclusivamente de la encarnación misma del verbo, por lo que podemos afirmar que la creación fue hecha por la Palabra, pero ella no era la Palabra, las Escrituras surgieron inicialmente por el dictado íntegro de la voluntad divina, pero continuaron llamándose las Escrituras y los profetas hablaban la Palabra pero ellos eran en sí mismos hombres mortales. Solo Cristo se manifestó en la encarnación misma de su naturaleza para marcar una nueva era de autoridad que a su vez la iglesia heredaría.

Si estás preparado, podemos adentrarnos en la herencia que cada hombre y mujer puede recibir por medio de Jesucristo.

CAPÍTULO 3

LA **SUPERIORIDAD**
DE LA **PALABRA** ENCARNADA

Maestro, bueno es para nosotros que estemos aquí;
y hagamos tres enramadas, una para ti,
una para Moisés y una para Elías [...]
Y vino una voz desde la nube que decía:
Este es mi Hijo amado; a él oíd.

(Lc. 9:33-35)

Ninguna manifestación anterior de la voluntad de Dios
puede ser superior a la encarnación del Verbo de vida.

Cada argumento que hemos presentado hasta aquí está cuidadosamente dirigido hacia el propósito central de resaltar la superioridad de la encarnación de Cristo ante las manifestaciones anteriores de la voluntad de Dios, pero ninguna otra demostración habla con tanta claridad de esta verdad como el escenario del monte de la transfiguración. La diferencia entre la encarnación y las manifestaciones anteriores de la voluntad de Dios es esencialmente el principio de la personalidad y la identidad original, esto significa que las manifestaciones anteriores contenían la verdad. Sin embargo, Cristo es la verdad; las primeras revelaciones mostraban el camino, mas Cristo es el camino; las primeras contenían la Palabra de Dios, pero Cristo mismo es la Palabra encarnada, y así podemos continuar nombrando todas las riquezas que forman parte de la identidad de Cristo, como la vida, la Puerta, el Pan, el Salvador, etc. Este es el motivo esencial por el que la encarnación es superior a las manifestaciones anteriores de la Palabra, toda la justicia vino a morar en un solo hombre, por medio del cual todo ser humano es aprobado delante de Dios.

Las manifestaciones de la Palabra antes de la encarnación no hicieron más que armonizar proféticamente en la declaración y anuncio de la llegada del verbo, a fin de prepararnos el camino para su venida, pero la tendencia humana hacia la tradición es aferrarse a leyes establecidas por los hombres a fin de decorar y fortalecer las costumbres que giran alrededor de una verdad revelada, la tradición ata al hombre y le impide moverse hacia cosas mejores, fue esto exactamente lo que sucedió alrededor de la vida y el ministerio de Jesús.

El monte de la transfiguración es el escenario donde coinciden en el mismo lugar los personajes más trascendentales de la revelación antigua, para revelar a los discípulos la plenitud de la gloria de Cristo y sellar así la superioridad de su manifestación.

El misterio de la transfiguración.

Los escritores que relatan el hecho extraordinario de la trasfiguración usan diferentes palabras para definirla. Tanto Mateo, como Marcos usan el término *metamorfoo*, que literalmente significa "cambio de forma". Esta palabra era comúnmente empleada para referirse al cambio o metamorfosis que se creía que experimentaban los dioses paganos, por esta causa Lucas evita usar *metamorfoo* y utiliza el término griego: *egeneto jeteron*, que literalmente significa "fue alterada su naturaleza externa". Este término describe con mayor claridad el misterio de la transfiguración, ya que sugiere la fuerza de la invasión de la naturaleza interior, es decir la del espíritu, sobre la exterior (el cuerpo), al punto de llegar a afectar la imagen exterior y transformarla en la gloria que mora en el espíritu. Por esta causa Lucas dice:

> *Y Pedro y los que estaban con él estaban rendidos*
> *de sueño; mas permaneciendo despiertos,*
> *vieron la gloria de Jesús.*
>
> (Lc. 9:32)

La Gloria de Jesús es su misma naturaleza, esa gloria moraba en su espíritu, la transfiguración es el escenario donde la gloria en el espíritu comienza a invadirlo todo hasta salir afuera y revelar lo que estaba oculto.

El ser espirituales nos ayuda a comprender quiénes somos en verdad, nos enfoca en la realidad de nuestra identidad, somos lo que somos en nuestro espíritu y esa verdad tiene que reinar sobre todos los conceptos y razonamientos de nuestra mente. Jesús se reveló tal como él es frente a sus discípulos, todo lo que estaba adentro salió afuera y se manifestó su verdadera majestad.

La transfiguración es también un mensaje profético y paradigmático, ya que Jesús está modelando en apenas unos minutos el resultado final del trabajo del Espíritu Santo en la vida de cada creyente, es decir, el fruto final de nuestra relación con el Espíritu de Cristo es justo la transformación que se manifestó en la cima de aquel monte.

El término usado por Lucas también ejemplifica lo que el apóstol Pablo describe como la transformación de gloria en gloria, en la misma imagen del Señor, por la acción del Espíritu Santo (2 Co. 3:18). Este proceso tiene una dinámica única y extraordinariamente sabia, ya que sugiere la necesidad que tenemos unos de otros. Pablo habla en primer lugar del error que cometió Moisés al cubrir su rostro cuando experimento la gloria de Dios en el monte (2 Co. 3:13). Debido a que no permitió que el pueblo gustara de su experiencia, toda aquella generación quedó sin gloria, más en esta generación Pablo utiliza un principio que describe el proceso de la manifestación de la gloria en cada creyente:

> *Por tanto, nosotros todos, mirando a cara descubierta*
> *como en un espejo la gloria del Señor, somos trasformados*
> *de gloria en gloria, en la misma imagen,*
> *como por el Espíritu del Señor. (2 Co. 3:18)*

Este proceso describe la dinámica de la transformación, la cual ocurre al mirarnos como en un espejo, que significa literalmente mirarnos unos a otros, para ver y recibir la gloria que cada uno posee en su espíritu.

La medida perfecta de la gracia no habita corporalmente en ningún ser humano, porque a cada uno nos fue dada esa gracia conforme a la voluntad de Cristo, con el propósito de hacernos interdependientes; esto es lo que intenta decirnos Pablo. Cada uno de nosotros tiene una medida de gloria en nuestro interior, pero si ponemos un velo frente a nosotros y evitamos que otros se miren en nuestro espejo y reciban de lo que tenemos, nos limitamos también de recibir lo que otros tienen. Pablo afirma que Moisés fue el espejo de su generación, por esta causa ellos no gustaron la gloria, sino que dice: *Y aun hasta el día de hoy, el velo está puesto sobre el corazón de ellos* (2 Co. 3:15). Toda esa generación refleja como en un espejo lo que Moisés modeló para ellos, esa fue la herencia que recibieron, pero de Cristo dice: *Pero cuando se conviertan al Señor, el velo se les quitará* (2 Co. 3:16).

Esto significa que Jesús reveló toda su gloria y no la ocultó, sino que la depositó en cada uno de nosotros, otorgando a cada creyente diferentes medidas, por lo que dice: *Pero a cada uno de nosotros fue dada la gracia, conforme a la medida del don de Cristo* (Ef.4:7). De manera que toda la perfección fue repartida en diferentes medidas de gracia que expresan la gloria de Cristo. Esta acción soberana del Señor nos lleva a la unidad y a la interdependencia para lograr la perfección, convirtiéndonos en espejos donde todos nos miramos al mismo tiempo que reflejamos y así transferimos lo que tenemos, solo así se trasmite su imagen en el estado original de su poder y no solo conocimiento teológico. Cuando nos miremos como en un espejo la gloria que nos fue dada y honremos a nuestros hermanos seremos trasformados de gloria, en gloria, en su misma imagen, por la acción del Espíritu que nos consolida en la unidad del cuerpo hasta alcanzar la estatura del varón perfecto. Pero si decimos: yo tengo la verdad y todo lo demás es falsa doctrina, jamás seremos transformados en la imagen de su perfección. Cuando miro alrededor de mí y veo tantos ministerios impactando el mundo con una revelación extraordinaria, me miro en ellos y recibo por el Espíritu la gloria que les fue dada, esto activa en mi ser el juicio espiritual para usar o desechar lo que el Señor quiera darme y añade riquezas a mi vida y me lanza a una nueva dimensión espiritual que se manifiesta pronto en el mundo físico. Tengo más fe y confianza en el poder de la verdad, que en las artimañas de la mentira, por tanto, no temo oír y ver todo lo que Dios hace a través de otros, me limito a recibir lo bueno y desechar lo malo, porque es el Espíritu quien nos conduce y dirige a toda verdad, y él no nos dejara caer.

El secreto de los dos personajes en el monte.

La dinámica descrita ocurrió en el monte de la transfiguración donde se aparecieron Moisés y Elías, personajes que reflejan a Cristo en su gloria antigua. Moisés representa al salvador, el liberador que nos redime de la esclavitud y Elías representa la autoridad profética y espiritual que enfrenta los poderes diabólicos y establece el Reino de Dios. Estos dos personajes a ambos lados del Señor fueron por muchos siglos el espejo desde donde entendíamos el poder en el que vendría el ungido de Jehová, mas ahora, en medio de ellos, está la plenitud de esa gloria, en la máxima expresión de su perfección.

Moisés y Elías representan también la Ley y los profetas, es decir, la base principal en la formación escritural de todo judío. Pero Cristo representa el gran mandamiento que lo resume todo. Jesús le dijo:

> *Amarás al Señor tu Dios con todo tu corazón,*
> *y con toda tu alma, y con toda tu mente.*
> *Este es el primero y grande mandamiento.*
> *Y el segundo es semejante: Amarás a tu prójimo*
> *como a ti mismo. De estos dos mandamientos*
> *depende toda la ley y los profetas.*
>
> (Mt. 22:37-40)

Por tanto, este escenario es un anuncio de actualización profética que presenta a Cristo como la encarnación viva del fundamento de la iglesia.

El amor que se exigía en la Ley dependía del esfuerzo humano, como todo lo demás en aquel régimen en el que se hallaba sujeto el pueblo, por esto dice: *lo amarás con toda tu alma y con toda tu mente*, pero en Cristo se manifestó la plenitud del amor divino, que es derramado en nosotros por la acción del Espíritu Santo. Por lo que dice: *el amor de Dios ha sido derramado en nuestros corazones, por el Espíritu Santo que nos fue dado* (Ro. 5:5). Por tanto la supereminencia de su grandeza no puede compararse ni limitarse al fundamento revelado con anterioridad, porque en Cristo estamos completos, de manera que todo fruto, toda herencia y toda riqueza nos son entregadas por medio de él.

La ignorancia de Pedro.

Pedro quedó deslumbrado por aquella extraordinaria aparición, ante la cual expresó su más profundo deseo:

Maestro, bueno es para nosotros que estemos aquí;
y hagamos tres enramadas, una para ti,
una para Moisés, y una para Elías.

(Lc. 9:33)

La enramada está compuesta por especies de ramas espesas entretejidas que se utilizan para adornar, dar ofrendas, o hacer cobertizos, es decir pequeñas casas para celebraciones especiales. La propuesta de Pedro era esencialmente construir tres templos de adoración en honor a las divinas apariciones que estaban sobre el monte, pero dice la Escritura que Pedro no sabía lo que decía (Lc. 9:33). Su ignorancia se basaba en la falta de actualización profética, la cual estaba a punto de manifestarse.

Mientras él decía esto, vino una nube que los cubrió;
y tuvieron temor al entrar en la nube. Y vino una voz
desde la nube, que decía: Este es mi Hijo amado; a él oíd.
Y cuando cesó la voz, Jesús fue hallado solo.

(Lc. 9:34-36)

La reacción de Dios ante el desvío religioso de Pedro fue inmediata, apenas terminaba Pedro su propuesta, fueron envueltos en una nube que les apartó de sus paradigmas y esquemas religiosos y les fue revelada la perfecta voluntad de Dios.

ESTE ES MI HIJO AMADO; A ÉL OÍD.

El cuadro del monte cambio rápidamente, pues al cesar la voz y retirarse la nube los discípulos solo podían ver a Jesús.

Esta revelación marcó la vida de los discípulos de tal manera que permanecieron en silencio por algunos días (Lc. 9:36). Este es un síntoma muy claro del choque que experimentaron al escuchar la actualización profética que provenía de la voz del Padre. Recordemos que estos eran hombres rodeados de una cultura religiosa que estaba intrincada en su esquema mental. Para ellos Moisés y Elías representaban la Ley y los profetas, la máxima expresión de las ordenanzas antiguas y el paradigma de aquella generación presente. Imagino lo difícil que debió ser tratar de entender que aquel hombre llamado Jesús que andaba día a día con ellos, sería la voz suprema que revelaría la voluntad del Padre sin que ninguna otra enseñanza anterior pudiera estorbarle. Con esa misma autoridad Jesús enseñaba diciendo: *Oísteis que fue dicho... pero yo os digo* (Mt. 5:21-22). Y el pueblo reconocía: *enseña como quien tiene autoridad, y no como los escribas* (Mt. 7: 29).

Para nosotros es mucho más sencillo comprenderlo, ya sabemos que Jesús es la Palabra encarnada, y que todo cuanto fue revelado con anterioridad fue una manifestación de su misma naturaleza. Pero aun así, algunos hombres pretenden ser más inteligentes que Dios, y prefieren aferrarse a las costumbres y tradiciones que no honran el Nuevo Pacto establecido por medio de Cristo, y que son solo una recuperación de las tradiciones viejas del régimen de la letra. Es así como ignoran las Escrituras y el poder de Dios, es así como desechan la revelación y se aferran a la interpretación y al estudio, es así como desconocen que la vida y la verdad están en Cristo y nos son reveladas únicamente por medio de su Espíritu.

La ignorancia de Pedro es también la ignorancia de la iglesia tradicional. Solo cuando el Padre nos revela a Cristo nuestra vida es transformada, mientras tanto, todo lo que tenemos es el conocimiento que las Escrituras muestran acerca de él.

JESÚS FUE HALLADO SOLO.

Ninguna manifestación de la voluntad de Dios durante la sombra tiene el poder de resistir o impedir el establecimiento de la verdad a la luz de la Palabra viva. Ni siquiera pueden estorbar su camino tratando de mezclar términos o fusionar ideas. Es decir, en el monte de la transfiguración no se establecieron arreglos ni se ligaron términos, simplemente se cambiaron radicalmente. Moisés y Elías desaparecieron al retirarse la nube, pero Jesús fue hallado en la cima del monte y la voz del Padre celestial no pudo ser más clara: *Este es mi Hijo amado, a él oíd.*

Algunos piensan que oír a Cristo fue solo algo momentáneo, consideran que estar sujeto a su Palabra viva es algo del pasado y que la iglesia presente solo debe leer bien e interpretar correctamente lo que los apóstoles escribieron, pero las enseñanzas del mismo Señor contradicen tales propuestas.

> *Aún tengo muchas cosas que deciros, pero ahora*
> *no las podéis sobrellevar. Pero cuando venga el Espíritu*
> *de verdad, él os guiará a toda la verdad, porque no*
> *hablará por su propia cuenta, sino que hablará todo lo*
> *que oyere, y os hará saber las cosas que habrán de venir.*
> *Él me glorificará, porque tomará de lo mío*
> *y os lo hará saber.*
>
> (Jn. 16:12-14)

Jesús no terminó de hablar todas sus Palabras, él dijo que continuaría halando cuando el Espíritu fuera derramado sobre la iglesia. Todo creyente sabe que este acontecimiento narrado en Hechos capítulo 2 produce un mover profético, el termina asegurándonos que esta experiencia seria sobre su pueblo en todas partes y en todas las generaciones. Por tanto debo decir, que Jesús aún no ha terminado de hablar todas sus palabras, porque su Palabra es inagotable. Cada generación puede tener acceso a la Palabra, porque para nosotros es esta promesa, y para todos los que el Señor ha llamado (Hch. 2:39). El Espíritu Santo garantiza la postergación de las palabras de Jesús y mantiene inerte e inconmovible el diseño del monte de la transfiguración.

Si oír a Jesús no fuera la prioridad del Nuevo Pacto, si su Palabra directa no fuera el diseño del Padre, no sería necesario que el Espíritu nos recordara sus palabras y nos revelara su voluntad diariamente. Pero siendo así, entendemos que todavía Jesús es el fundamento, es el testimonio y es la Palabra de vida que fluye en su cuerpo, vivificando y guiando a su pueblo. Nada es superior a eso.

Si esta verdad golpeó tu espíritu estás listo para los próximos capítulos.

CAPÍTULO 4

LA **PALABRA**
EN LA **REVELACIÓN** DEL **CUERPO**

Y él es la cabeza del cuerpo que es la iglesia, él que
es el principio, el primogénito de entre los muertos,
para que en todo tenga la preeminencia.

(Col. 1:18)

Solo el cuerpo de Cristo conserva el estado original
de su Palabra.

Recuerdo una de esas películas cargadas de tensión, donde un grupo de jóvenes se encontraban abrazados en una habitación espeluznante porque se esperaba que de un momento a otro entrara por el pasillo a la derecha de ellos el supuesto asesino, de repente irrumpe por el pasillo una sombra larga y atemorizante y todos se abrazan temblando de miedo, mas al manifestarse el cuerpo de dónde provenía la sombra, se trataba del alguacil que había regresado para salvarles.

Este ejemplo nos muestra la esencia de este capítulo, revelándonos que es imposible comprender con claridad la naturaleza de Dios y su propósito eterno mirando solo la sombra de su cuerpo, más cuando el cuerpo está presente, todo cobra vida y sentido.

Ahora nos acercaremos a la Palabra en su verdadero estado y poder, el cual la iglesia necesita redescubrir de manera urgente, para hacerse partícipe de la herencia sobrenatural que está reservada para los santos. Antes veremos con claridad el misterio del cuerpo y el propósito de la sombra, para comprender el estado original en que se manifiesta la Palabra, y el diseño establecido por Cristo para el fluir de su revelación en medio de la iglesia.

LA PROMESA, LA SOMBRA Y EL CUERPO.

Como la mayoría conoce, Dios le dio una promesa a Abraham y 430 años después añadió la Ley a causa de las transgresiones del pueblo, hasta que viniera aquel de quien se habló en la promesa, el cual es Cristo. Esta es la forma en la que lo entendemos con nuestra mente natural, pero Dios no opera sus planes eternos según el orden y el tiempo de los hombres, por lo cual, conociendo su corazón y sabiendo que todo lo que hace en el principio no es más que aquello que ya tiene cumplimiento final, podemos entender este proceso de la siguiente manera.

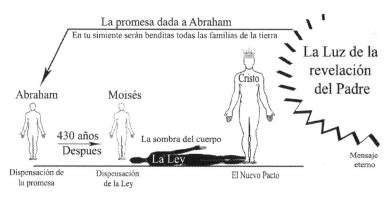

Este esquema nos ayuda a comprender que Dios no estaba detrás del cumplimiento de la promesa cuando habló a Abraham, sino al final. Todo lo que Dios anunció era una vivencia, un hecho consumado, y 430 años después de que Abraham recibiera la promesa de la simiente, es decir del cuerpo de Cristo, es que se introduce un ayo de justicia para el pueblo por medio de Moisés (Gal.3:24). Esta Ley no era más que la sombra que arrojaba el cuerpo desde donde Dios hablaba a Moisés, pero a Moisés no fue revelado el cuerpo, sino a Abraham, por tanto la herencia no es por medio de la Ley, porque la sombra no tiene derecho a heredar, ni vivificar, pero la promesa del cuerpo incluye la bendición y perfección de los hombres, por tanto, venida la promesa del cuerpo, la sombra queda detrás (Col. 2:16-17; He. 8:5-6;13).

La Ley no es contraria a la Promesa, pero en su sombra apenas se revela la gloria que fue reservada para los que han de heredar un lugar en la simiente, la cual es Cristo. De manera que revelado el cuerpo, la sombra queda detrás.

TRANSITANDO DE LA SOMBRA AL CUERPO

Lamentablemente esta transición ha sido demasiado fuerte para muchos que todavía desean seguir atados a la sombra del cuerpo, en lugar de insertarse dentro de la simiente, la cual es Cristo, él es el tronco y tanto Israel como los gentiles son las ramas, unas naturales y otras injertadas por gracia.

> *Porque si tú fuiste cortado del que por naturaleza es olivo silvestre, y contra naturaleza fuiste injertado en el buen olivo, ¿cuánto más estos, que son las ramas naturales, serán injertados en su propio olivo?*
>
> (Ro. 11:24)

Israel no es el tronco, pero a ellos les pertenece la posición de ramas naturales, por cuanto son escogidos desde el principio, pero las ramas no pueden regir al tronco sino que el tronco es quien fluye en sus ramas, de manera que aun las ramas naturales deben ser injertadas nuevamente, debido a que su posición presente no está acorde al estado profético del tronco, sino que fluye en las tradiciones de la sombra, por tanto necesitan ser restauradas para no ser expulsadas por el tronco. Aunque sean ramas naturales necesitan abandonar la sombra y actualizarse al estado presente de la raíz.

La revelación del cuerpo es el estado del cumplimiento de la promesa, esto representa el fin de la sombra y la instauración del Nuevo Pacto, por esta causa, tanto los olivos silvestres como las ramas naturales del buen olivo, necesitan ser renovados e injertados nuevamente, los primeros, *(gentiles)* para ser transformados en ramas del buen olivo, ya que provienen de otra raíz, y los segundos *(Israel)* para ser injertados en la actualización profética del tronco. Esta actualización provoca tres grandes cambios.

1. Cambio de Pacto: (He. 8:7). La Ley de Dios es escrita en nuestros corazones.
2. Cambio de Sacerdocio: (He. 7:15-18). La línea sacerdotal no es aarónica, sino que proviene de la orden de Melquisedec, esto provoca que todo creyente acceda al sacerdocio santo.
3. Cambio de Ley: (He. 7:12). Venido el cuerpo, no puede reinar más la ley de la sombra, sino la ley del espíritu (Ro. 8:2).

Estos tres grandes cambios son el centro del propósito del cuerpo, y a su vez el cumplimiento de la promesa, cada uno de ellos desata la verdad que deseo expresarte en este capítulo, donde conocerás el estado original de la Palabra que fluye en el cuerpo, la cual es parte de la herencia que la iglesia debe recibir y practicar.

La Palabra y el cuerpo.

El libro de Hebreos deja muy claro que los sacerdotes antiguos eran muchos, debido a que unos morían y debían ser constituidos otros en lugar de ellos (He. 7:23), pero de Cristo se dice que él es sacerdote para siempre según el orden de Melquisedec, en el poder de una vida indestructible. Eso nos permite observar que el Sacerdocio de Cristo es suficiente. Sin embargo los creyentes somos reconocidos también como sacerdotes en él (1 P. 2:9). ¿Por qué? Si Cristo es suficiente, ¿por qué la necesidad de que hayan otros sacerdotes? He aquí el misterio del cuerpo: al ser insertados en Cristo, somos partícipes de su naturaleza y su ministerio. *El que se une al Señor un espíritu es con él* (1 Co. 6:15-17). Esta verdad es también aplicada al poder de la Palabra.

La revelación del cuerpo propicia el escenario donde todo viene a morar en un solo depósito, los antiguos podían decir, a Adán fue entregada la tierra, a Abraham fueron hechas las promesas, a Moisés fue ordenada la Ley, pero en Cristo estamos completos (Col. 2:9-10), él es el postrer Adán, él es el cumplimiento de la promesa y el cuerpo de cuya sombra tomó Moisés la Ley. Todo esto converge en un solo cuerpo, por la profunda verdad de que Cristo mismo es la Palabra eterna, el verbo encarnado. Y venido el cuerpo, la Palabra regresa en su verdadera identidad, y todo el que sea partícipe del cuerpo, tiene la Palabra viva morando en su espíritu (Col. 3:16).

El concepto palabra que maneja la iglesia es uno extraído de los laberintos teológicos, pero no de la revelación de su identidad verdadera, esa identidad se nos manifestó en la encarnación del cuerpo de Cristo y se nos heredó por medio del privilegio de morar en su mismo cuerpo (1 Co. 12:13-14). Todo lo que está en Cristo es originalmente la Palabra, su testimonio, su enseñanza, todo, incluyendo su cuerpo, que es la iglesia. Esta revelación nos reorienta y nos enfoca en el momento de predicar, pues para la mayoría de los creyentes predicar la Palabra es solo argumentar textos de las Escrituras, más para los primeros apóstoles, predicar la Palabra era hablar de Cristo y de las enseñanzas que moraban en sus vidas por la revelación del Espíritu, pues la mayoría de aquellos creyentes no tenían Biblias. Pero años después, venida la posibilidad de imprimir los escritos apostólicos, tal parece que la iglesia ha sustituido el fluir de la Palabra viva, por un argumento teológico que terminó convenciendo a los creyentes de que predicar la Palabra de Dios es interpretar la Biblia y luego hablar sobre ese tema a las congregaciones y, por consiguiente, hemos olvidado nuestra principal responsabilidad como cuerpo, la cual no es solo oír y hablar la Palabra, sino y sobre todo, ser la gloria y el testimonio de la Palabra. Esto lo comprenderemos mejor en el próximo capítulo, donde hablaremos de la última manifestación en su estado original. Por el momento, entendamos que la Palabra de Dios no solo está en el cuerpo de Cristo, sino que es el cuerpo de Cristo. De manera que tenemos más responsabilidad por lo que somos, que por aquello que decimos, nuestro testimonio, nuestra vida, nuestro ejemplo, tiene que estar alineado a nuestras palabras. Ese es el verdadero testimonio que la palabra está dejando en la tierra. Somos cartas de Cristo, leídas por todos los hombres, y escritas no con tinta, sino con el Espíritu del Dios vivo. (2Cor. 3:3)

Esta revelación nos compromete mucho más con nuestra responsabilidad de ser su reflejo en la tierra. La Palabra de Dios debe seguir fluyendo y transformando al mundo, esa responsabilidad es del cuerpo de Cristo que ha sido puesto en la tierra para ser la boca de Dios, y el cuerpo debe estar establecido sobre el fundamento de la cabeza y no sobre ningún otro que al hombre le parezca correcto. *Porque nadie puede poner otro fundamento que el que está puesto, el cual es Jesucristo* (1 Co. 3:11).

EL DISEÑO DE CRISTO
PARA EL FLUIR DE LA PALABRA EN SU CUERPO

Por encima del cuerpo está la Cabeza, esa cabeza es la Palabra misma, ella da identidad a todo el cuerpo y el Espíritu que fluye en el cuerpo es quien mantiene unido a sus miembros, acaso no dice la Escritura que debemos mantener la unidad del Espíritu en el vínculo perfecto de la Paz (Ef. 4:3). Pregunto: ¿No es el cuerpo el escenario de la Paz, donde de ambos pueblos se hace uno? (Ef. 2:14-16), ¿y no es el Espíritu quien mantiene y sostiene esa unidad? Si es así, entonces el cuerpo depende del Espíritu que revela la voluntad de la cabeza. Cristo es la Palabra, su poder y verdad se manifiestan en su cuerpo por el vínculo del Espíritu Santo, esto fue lo prometido por el Señor.

Él me glorificará;
porque tomará de lo mío, y os lo hará saber.
(Jn. 16:14)

El diseño de Cristo para mantener vivo el estado original de la Palabra, fue establecer al Espíritu como el vínculo entre la cabeza y el cuerpo, para que la Palabra corra en revelación por todos sus miembros, y así guiarlos a la verdad (Jn. 16:13), esto es posible por la acción del Espíritu Santo de tomar de la cabeza y revelarlo al cuerpo y así garantizar la salud en todos sus miembros, solo así la Palabra es el fundamento de la iglesia, tal y como lo expresa el siguiente diagrama:

Este es el diseño que garantiza el fluir de la Palabra en su estado original, ya que nuestra fuente de información y revelación es la misma cabeza, que a través del Espíritu Santo guía, sustenta, consuela, amonesta, exhorta, reprende, revela y propaga la verdad de vida por todo el cuerpo, cualquier otro diseño jamás será tan inerrante como el que estableció el mismo Señor, luego las Escrituras son útiles para sustentar la enseñanza que proviene de la verdad misma, que es la cabeza, la cual es Cristo.

La inspiración de Dios no toca las Escrituras si antes no pasa por el hombre. El hombre es el depósito primario de la revelación y el instrumento que Dios ha utilizado para enriquecer el mensaje de las Escrituras. Por tanto, el fundamento de la iglesia y la fuente de provisión espiritual es Cristo y las Escrituras fluyen en la utilidad de enseñar lo que nos ha sido revelado y para dar testimonio en la tierra de la voluntad de Dios, a fin de que los hombres tengan las legalidades del Reino plasmadas y vigentes en medio de ellos.

Lamentablemente, la iglesia tradicional ha ignorado el diseño establecido por el mismo Señor y en su lugar han colocado otro donde el Espíritu Santo es solo un tutor de Estudio, alguien que solo nos ayuda a comprender lo que dicen las Escrituras. Es cierto que el Espíritu Santo es el único que puede arrojar la luz de la verdad sobre lo que ha sido escrito, pero su función reveladora es mucho más profunda y poderosa. El Espíritu Santo no es solo un intérprete, él es la fuente mediante la cual la verdad y la justicia nos son reveladas. El mismo Espíritu es quien utiliza diferentes vías útiles, y diseñadas para nuestra edificación y formación, tal y como lo expresa el siguiente diagrama.

En los postreros días, dice Dios, Derramaré de mi Espíritu sobre toda carne, y vuestros hijos y vuestras hijas profetizaran; vuestros jovenes veran visiones, y vuestros ancianos soñaran sueños
Hch.2:17

Como podemos apreciar la fuente, el fundamento, y la Palabra que sostiene el Reino, es Cristo, ese fundamento es inamovible, luego el Espíritu Santo, es la persona de la Deidad enviada para revelarle al hombre la verdad que procede de la cabeza. El Espíritu es el vínculo, el lazo, y la unidad entre Cristo y su iglesia, él es la máxima autoridad reveladora del reino, delegada por Cristo y el que a su vez utiliza diferentes vías para fluir en el cuerpo, que es la iglesia.

El gran problema de los paradigmas religiosos fabricados durante la primera era teológica y canoníca, es que la iglesia ignoró esta labor del Espíritu Santo, y estableció como fundamento general a una de las poderosas vías que el Espíritu Santo ha inspirado: Las Escrituras.

Las Escrituras contienen la verdad de Dios y el conocimiento divino capaz de hacer perfecto al hombre en su camino, pero debido a la debilidad de la naturaleza humana, esta preciosa herramienta no es suficiente sin la intervención reveladora del Espíritu Santo: *Porque la letra mata pero el Espíritu vivifica.* (2Cor.3:6) Por esta causa la letra en sí misma no posee el estado suficiente para ser constituida como un fundamento vivificador, sino más bien como un canal de quien es el fundamento original: Cristo, y como una vía que el Espíritu Santo utiliza para revelar la verdad. Si la Escritura no es usada bajo la revelación del Espíritu, su contenido puede ser usado fácilmente para sustentar y apoyar cualquier teoría y tendencia teológica, ya que el hombre ha sido bien sagaz en utilizar lo escrito para sustentar sus fantasías teológicas de hoy y de antaño.

La trágica realidad vivida por la tradición que ha ignorado al Espíritu Santo, se ve manifiesta en los cientos y cientos de culturas religiosas y posturas teológicas que se desprenden todas de las conclusiones que los hombres se formulan a partir de las mismas Escrituras. El hecho de que tengamos la Biblia canonizada, no nos libra de cometer errores en su aplicación e interpretación, porque el uso correcto de la Escritura está condicionado a que actúe sobre ella el mismo que la ha inspirado: El Espíritu Santo.

> *Porque ninguna profecía de la Escritura es de*
> *interpretación privada, porque la profecía no vino*
> *por voluntad humana, sino que los santos hombres de*
> *Dios hablaron siendo inspirados por el Espíritu Santo.*
> *(2Pedro.1:20-21)*

Está muy claro. Pedro dice. No hagas el trabajo de Dios, el que la inspiro, que la interprete. ¿Acaso no fue el Espíritu Santo quien trajo esa revelación? Él también es el único autorizado a revelar lo que ella trasmite en realidad. Pero la tradición ha enseñado que la Escritura es su propio intérprete; eso contradice la propia enseñanza bíblica.

El cuerpo necesita estar conectado con la Cabeza y esa conexión únicamente puede establecerse por medio de la relación con el Espíritu Santo. Pero muy independiente de estas verdades la iglesia católica y los movimientos derivados de ella erraron al establecer un modelo de fundamento que no está de acuerdo con los principios bíblicos, y por consiguiente tampoco con el diseño establecido por medio de Cristo.

El siguiente diagrama así lo expresa.

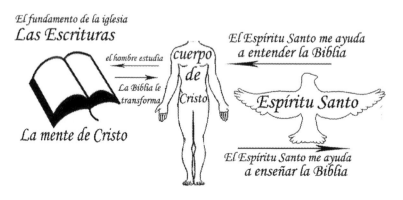

El fundamento de la iglesia
Las Escrituras
el hombre estudia
La Biblia le transforma
cuerpo de Cristo
La mente de Cristo
El Espíritu Santo me ayuda a entender la Biblia
Espíritu Santo
El Espíritu Santo me ayuda a enseñar la Biblia

Este es el diseño que la iglesia tradicional ha establecido como sana doctrina, pero independientemente de lo que diga la tradición teológica, la verdad bíblica es tan contundente que no admite lugar a dudas. El apóstol Pablo escribió: *De modo que sirvamos bajo el régimen nuevo del Espíritu, y no bajo el régimen viejo de la letra. (Rom.7:6)* La letra si fue un fundamento visible en el Antiguo Pacto, pero en el nuevo viene actuando el régimen del Espíritu a fin de vivificar al hombre, por tanto el fundamento de la iglesia vuelve a ser espiritual tal y como fue para Abraham. Esto no significa para nada desechar las Escrituras, sino todo lo contrario, pero si usarlas bajo la influencia y guianza del fundamento vivo que es Cristo, y bajo la dirección y guianza del Espíritu Santo. Jesús jamás estableció las Escrituras como el fundamento de la iglesia, las Escrituras mismas no se atribuyen ese título en la instauración del Nuevo pacto. Ellas son el canal que utiliza el fundamento por medio del Espíritu Santo para ministrar a la vida del Creyente, la Escritura es una poderosa herramienta del Espíritu Santo, pero si es usada independientemente de la revelación y la guianza divina, solo como objeto de estudio, su contenido no podrá vivificar ni transformar al hombre, porque la letra en sí misma no posee la capacidad de producir vida. Por tanto el diseño de Cristo es perfecto en todo. El estableció al Espíritu como el vínculo vivificador que hace que las Escrituras produzcan vida al ser leídas. El problema conceptual proviene de nuestras limitantes para estar conscientes del estado espiritual e invisible de nuestro fundamento, por consiguiente cuando leemos las Escrituras y sentimos el efecto transformador que el Espíritu Santo está generando en nosotros, a causa de la promesa dada a los hombres, solemos atribuirle ese poder al contenido escrito y no a la verdadera fuente que está actuando detrás de la lectura, ignorando totalmente que si el Espíritu no estuviera activo en nuestra dispensación la letra nada podría hacer en nuestras vidas y viviríamos en la misma mísera espiritual de la generación del régimen de la letra.

Definitivamente, el diseño de Cristo en el estado original de la Palabra es que cada creyente esté conectado a la fuente que es la cabeza por el vínculo del Espíritu Santo, el cual usará sus poderosos canales para ministrar a nuestro espíritu, solo así podremos caminar en vida abundante y victoria total.

Es así como la Palabra de Dios se manifiesta en el cuerpo en su estado vivificado, ya que los canales son herramientas del Espíritu, por tanto todo produce vida y poder, es así como la palabra se desata con autoridad.

Ningún otro diseño puede garantizar el poder vivo de la Palabra, el modelo inicial propicia que la Palabra sea manifiesta en su naturaleza original, solo así el poder sobrenatural de Dios está vigente e intacto el día de hoy. Si crees, puedes fluir en él.

CAPÍTULO 5

LA ÚLTIMA **MANIFESTACIÓN** DE LA **PALABRA**

Le dijo Judas (no el Iscariote): Señor, ¿cómo es que te manifestarás a nosotros y no al mundo? Respondió Jesús y le dijo: El que me ama, mi palabra guardará; y mi Padre le amará, y vendremos a él, y haremos morada con él.

(Jn. 14:20-23)

Si la Palabra se revela a nuestros oídos, hablaremos la Palabra, pero si la Palabra se manifiesta en nuestro espíritu, entonces, seremos transformados en la misma imagen de la Palabra.
Solo podremos hacer lo que él hace, si logramos ser como él es.

El misterio más extraordinario que experimentó la raza humana fue presenciar la encarnación del Verbo de vida, este acontecimiento no podemos contarlo dentro de las manifestaciones de la Palabra, ya que las anteriores manifestaciones fueron destellos de su poder que traían como consecuencia un mensaje, una señal o una guía profética. La encarnación es mucho más poderosa, pues la Palabra misma que estaba en el seno del Padre, fue tomada por el Espíritu Santo en la esencia de su naturaleza y engendrada en el vientre de María, luego allí se formó una figura humana que llevaba en sí misma la naturaleza sobrenatural de la Palabra viva, a la cual se le dio el nombre profético de Jesús, así lo afirmó Juan en su primera carta.

Lo que era desde el principio, lo que hemos oído,
lo que hemos visto con nuestros ojos, lo que hemos
contemplado, y palparon nuestras manos tocante
al Verbo de vida (porque la vida fue manifestada,
y la hemos visto, y testificamos, y os anunciamos
la vida eterna, la cual estaba con el Padre,
y se nos manifestó).

(1 Jn. 1:1-2)

Jesús es el Verbo de vida. Sus Palabras generan la fuerza vivificadora que transforma la naturaleza caída en perfección, dándole la cualidad de vivir eternamente. La mayoría de los creyentes viven ausentes a la realidad del poder que nos fue delegado al experimentar su presencia y aceptar su morada en nosotros. Los apóstoles experimentaron el principio de ese poder, porque en el Reino de Dios sus riquezas son heredables de generación en generación. Razón por la que Jesús le dijo a sus discípulos, ustedes harán mayores cosas que yo, esto es lo que debe suceder por naturaleza, pues los hijos están llamados a ser mayores que sus padres, debido a que ellos comienzan donde sus padres terminaron, ellos poseen todo los que sus padres conquistaron y están destinados para llevar esas conquistas a otros niveles de victoria.

Este proceso solo es interrumpido cuando se levanta una generación de hijos que no valora lo que hereda y decide emprender otro camino diferente al de sus padres. Las generaciones posteriores a los padres apostólicos no fueron eficaces en preservar y acrecentar la herencia sobrenatural recibida, lo que trajo como consecuencia el despertar de una generación endurecida, rígida, escéptica en cuanto a lo sobrenatural, donde el espíritu de la religión regresó en toda su fuerza, generación que convirtió la Palabra de Dios en letras y números, cerró el acceso libre a la revelación del Espíritu y se auto tituló buena administradora de la obra de Dios.

Por cientos de siglos, esta especie desviada y desactualizada se ha tomado el trabajo de mantener vendados los ojos de la iglesia, para que no les resplandezca la luz de la herencia que Dios preservó para los santos, pero ignoran que el Espíritu de verdad siempre ha encontrado un corazón para mantener vivo el mensaje original de Cristo, y no una postura teológica denominacional. Hoy es toda una generación la que se levanta para restaurar la posición de la iglesia, y con toda certidumbre les digo que apenas estamos arribando a lo que tenían los primeros apóstoles, porque a estas alturas, y con tanta experiencia vivida al lado del Espíritu Santo, deberíamos haber transitado por otras esferas, pero estamos llegando a lo que ellos tenían primero para redescubrir el propósito original con el que fuimos sellados en Cristo, desde antes de la fundación del mundo.

En este capítulo deseo compartirte un poco acerca de este propósito, el cual ha sido siempre que la iglesia herede la naturaleza de Cristo, solo así la gloria que se nos prometió será mayor que aquella primera que se manifestó en el templo. Hoy comprenderemos el misterio revelado a los Gentiles: *Cristo en vosotros, la esperanza de gloria* (Col. 1:27). Somos la esperanza del mundo, esa voz se oirá en todas la naciones cuando comprendamos nuestra responsabilidad de ser la boca de Dios (Jer. 15:19).

Esta es esencialmente la última manifestación de la Palabra: Cada creyente tiene la responsabilidad de ser el aliento de Dios a las naciones, pero esto solo es posible cuando nuestras palabras en la tierra sean un eco de los decretos divinos hechos en los cielos y revelados por el Espíritu a la iglesia.

UNA VOZ DENTRO DE OTRA VOZ.

Cuando nuestra voz es puesta dentro de su voz, se desata automáticamente el poder sobrenatural de la espada del Espíritu.

La Palabra de Dios es representada en varias ocasiones como una espada. El símbolo de la espada tenía muchos significados para el pueblo de Israel, y en su mayoría asociados a las palabras o la lengua (Sal. 57:4). De manera que construyeron toda una cultura fraseológica alrededor de este símbolo. Proverbios 12:18 dice que hay hombres cuyas palabras son como golpe de espada. Pero lo más sorprendente es el nombre en griego para describir a la espada de dos filos, que como ya sabemos tipifica la Palabra de Dios. El nombre original es *distomos*, palabra compuesta que se divide en dos términos, *dis*, que significa doble, o dos veces, y *stomas*, que significa bocas. La traducción literal para la espada de dos filos sería "espada de dos bocas". Así le llamaban. Esto arroja una revelación extraordinaria acerca de la forma en la que la Palabra de Dios se manifiesta en la tierra, es decir, si Dios habla en los cielos, pero no hay nadie que se haga vocero de sus palabras en la tierra, la espada no está completa, porque se necesitan dos bocas para que se manifieste el decreto en la tierra, de manera que la boca de Dios y la boca del hombre, representan la espada de dos filos que desata la Palabra de Dios.

Dos bocas; no una boca y un escritor, esto no completa la Palabra como espada, aunque Dios hable al hombre, y el hombre escriba sus palabras, solo cuando las hablamos se desata la espada de dos filos que corta las tinieblas. Ahora sabes que la espada del Espíritu se desata por medio de lo que hablamos, porque un filo es la boca de Dios por medio de la revelación del Espíritu, y el otro filo es tu boca, la cual desata el poder de la Palabra en la tierra y sobre la vida de los hombres.

Una voz dentro de otra voz, esto significa hacer que las palabras de Dios y las nuestras sean las mimas, a fin de desatar la autoridad de Dios por medio de los decretos. Cuando nuestra voz es un eco de la voz de Dios, los pensamientos en el corazón de los hombres son revelados.

Y una espada traspasará tu misma alma, para que sean revelados los pensamientos de muchos corazones.

(Lc. 2:35)

Estas son las palabras de un hombre sobre el cual reposaba el Espíritu Santo, Simeón declaro por revelación que la boca de Dios, como espada afilada, atravesaría el alma del Señor Jesús y le revelaría el corazón de los hombres, pero, ¿Cómo esas revelaciones se manifiestan en el mundo visible? ¿Cómo la gente reconoce que la Palabra de Dios es cierta? Para eso se necesita otra boca en la tierra, esa boca era Jesús Esa misma herencia es trasmitida a la iglesia.

Mas ¿qué dice? Cerca de ti está la palabra, en tu boca y en tu corazón. Esta es la palabra de fe que predicamos.

(Ro. 10:8)

El apóstol Pablo asegura que la justicia que era antes que esta, es decir, la justicia que provenía de hacer aquello que estaba escrito, se resumía de la siguiente manera: *El hombre que haga estas cosas, vivirá por ellas* (Ro. 10:5). Pero esta justicia ya no tiene vigencia con aquellos que heredan la justicia por medio de la fe, porque el Nuevo Pacto propicia que la Palabra sea escrita en el interior del hombre, convirtiendo al creyente en la fuente que expresa el poder de la Palabra que mora en él. (Hebreos.8.10)

Tenemos la responsabilidad de ser la boca de Dios en la tierra, el otro filo que completa el poder de la espada afilada por ambos lados, todo esto puede suceder cuando redescubramos el fluir original de la Palabra en nuestras vidas y aprendamos a ser obedientes a la voz que late en nuestro espíritu.

LA EXPRESIÓN DE LA PALABRA EN LA IGLESIA.

El término *palabra*, en sentido general, es aplicado a muchos y diversos eventos de la vida cristiana, pero estos eventos y sucesos los veremos más adelante, para tener una mejor comprensión del uso correcto del término en su estado original. Hasta ahora hemos entendido la Palabra en su sentido identificativo, y en la virtud de los objetos e instrumentos de su manifestación. En esta oportunidad veremos una de las revelaciones más gloriosas de las manifestaciones de la Palabra, la cual se expresa en su capacidad heredable, ya que la Palabra de Cristo genera un paradigma en el Reino de Dios, al punto de que todo morador del Reino es bendecido con la influencia de la persona sobrenatural del Espíritu Santo, para que este agente eterno provea el poder que provoca la formación de la Palabra encarnada en cada creyente que cree en él (2 Co. 3:18).

Existen dos formas en la que la iglesia expresa la última manifestación de la Palabra, la primera la describe el apóstol Pablo en su carta a su discípulo Tito:

Y a su debido tiempo manifestó su palabra, por medio
de la predicación que me fue encomendada
por mandato de Dios nuestro Salvador.

(Tit. 1:3)

La Palabra permanece viva en los cielos, pero cuando decide manifestarse utiliza algo que la haga presente en la tierra, en este caso, el apóstol asegura que usó el mensaje de la iglesia. La primera expresión de la Palabra en la iglesia está en su mensaje. Para que la iglesia cumpla correctamente el ministerio de la Palabra debe comprender que la Palabra de Dios mora en el creyente y es desatada por medio de la predicación. Es urgente que aceptemos ser el depósito original de la Palabra y la fuente desde donde ella fluye con toda su fuerza y poder, luego debemos ser responsables en incorporar a nuestro mensaje dos aspectos imprescindibles: el primero es el Rey, y el segundo es su Reino. Y todo a la luz de la promesa del Padre y en armonía con los principios escriturales, ya que la encarnación de la Palabra que se ha manifestado en nosotros por medio del Espíritu Santo, la cual es Cristo, es el cumplimiento de esa promesa dada a Abraham. Fue él quien introdujo y actualizó este mensaje. Pero lo más importante de la expresión de la Palabra es el compromiso de obediencia que tenemos con la verdad que mora en nosotros y la revelación que Dios escribe en nuestro ser por medio del Espíritu, luego tenemos la responsabilidad de comprobar y medir nuestra experiencia con el mensaje de las Escrituras, ya que ellas son útiles para permitirnos armonizar con las revelaciones dadas primero y comprobar que lo que estamos recibiendo no es más que una continuación de lo originalmente revelado desde el principio de la iglesia. La iglesia tradicional teme a esta dinámica porque la considera insegura e incontrolable, siento pena en mi corazón por la generación que prefiere ignorar el diseño de Cristo y se aferra a sus métodos de interpretación, esto se debe a la habitual inseguridad religiosa, porque muy a pesar de las tantas profecías y promesas que dicen que vamos a triunfar ellos tienen más fe en la derrota porque se han acostumbrado a depender de sí mismos, y a confiar solo en aquello que pueden calcular y razonar, por eso tienen temor a equivocarse.

La herencia más importante que recibe la iglesia por parte de Cristo está basada en asegurar la permanencia y la pureza del mensaje, esta seguridad no está fundamentada en la correcta elección de métodos interpretativos, sino en la dependencia del Espíritu.

Mas el Consolador, el Espíritu Santo,
a quien el Padre enviará en mi nombre,
él os enseñará todas las cosas
y os recordará todo lo que yo os he dicho.

(Jn. 14:26)

Tomará de lo mío, y os lo hará saber.

(Jn. 16:14)

Este es el regalo más extraordinario que Jesús dejó a la iglesia, su maravilloso Espíritu. El Espíritu Santo es el agente que protagoniza la validez, la autenticidad y originalidad del mensaje, a fin de que sea una expresión de la Palabra. Lamentablemente la iglesia contemporánea tiene más confianza en sus métodos de investigación, que en la acción sobrenatural de la guianza genuina del Espíritu Santo. Pero las evidencias escriturales demuestran que el Espíritu Santo dirige la obra de predicar la Palabra. ¿Qué es predicar la Palabra? Algunos piensan que es leer textos de la Biblia y luego explicarlos, tristemente eso es todo lo que conoce un creyente tradicional acerca de esto, pero el desempeño ministerial de la iglesia apostólica arroja verdades mucho más profundas.

Y nosotros persistiremos en la oración
y en el ministerio de la palabra.

(Hch. 6:4)

El ministerio de la Palabra está relacionado con el ejercicio de la predicación, luego, el mensaje predicado no era un estudio escritural, sino la consecuencia de la obra del Espíritu Santo, recordando y guiándoles a toda verdad, esta obra del Espíritu Santo podía partir de la correcta comprensión de una Escritura, y de igual forma ser la palabra predicada, porque el único proveedor de la Palabra es el Espíritu Santo, el escoge la vía y provee la espada.

Es decir: leer la Escritura y predicar de la revelación que el Espíritu Santo arroje sobre ella es también predicar la palabra. El peligro se encuentra en limitar al Espíritu Santo solo a la tarea de interpretar las Escrituras, cuando en realidad el puede proveernos de un mensaje revelador por medio de diferentes canales, y de igual forma llevaría implícito y explicito el poder de la Palabra.

Somos ministros del Espíritu, nuestra responsabilidad es oírle a él, seguirle a él, y obedecerle. Igualmente somos ministros de la Palabra, lo cual está estrechamente vinculado.

Un ministro es alguien que cumple los encargos de otro, es un representante, un comunicador. Ser ministro de la Palabra es representar a Cristo, su mensaje y enseñanza, exponer sin temor su doctrina y demostrar con señales la autenticidad de lo que expresa. El ministerio de la Palabra es un encargo que únicamente puede ser cumplido en la tarea de predicar y esta predicación es dirigida sobrenaturalmente por el Espíritu Santo, nadie más puede hacerlo en su lugar.

Cuando os trajeren a las sinagogas, y ante los magistrados y las autoridades, no os preocupéis por cómo o qué habréis de responder, o qué habréis de decir; porque el Espíritu Santo os enseñará en la misma hora lo que debáis decir.

(Lc. 12:11-12)

Y el Espíritu dijo a Felipe: Acércate y júntate a ese carro.

(Hch. 8:29)

Ellos, entonces, enviados por el Espíritu Santo, descendieron a Seleucia, y de allí navegaron a Chipre. Y llegados a Salamina, anunciaban la palabra de Dios.

(Hch. 13:4-5)

Y atravesando Frigia y la provincia de Galacia,
les fue prohibido por el Espíritu Santo hablar la palabra
en Asia; y cuando llegaron a Misia, intentaron ir a
Bitinia, pero el Espíritu no se lo permitió. Y pasando
junto a Misia, descendieron a Troas.

(Hch. 16:6-8)

La obra de expresar la Palabra es dirigida por el Espíritu Santo, cuando es así, el ministerio de la predicación de la Palabra es desempeñado en la máxima expresión de su poder. Por consiguiente ocurren milagros y diversas señales que así lo atestiguan. La Palabra fluye de la fuente más gloriosa: el espíritu del hombre. Cuando la Palabra es avivada por el Espíritu en nuestro interior, y no solo por diversas lecturas o estudios, esa Palabra es vida en nosotros y al expresarla, las personas son transformadas.

Hasta aquí solo hemos visto nuestra responsabilidad hacia la Palabra revelada, pero lo más extraordinario es nuestra inminente transformación en la misma imagen de la Palabra viva.

Veamos a continuación la segunda expresión de la Palabra en la iglesia.

LA TRANSFORMACIÓN DE LA IGLESIA.

Los apóstoles manejaban dos términos para referirse a la influencia del Espíritu Santo en la tarea de revelar a Jesús dentro del creyente, el primero era la formación de Cristo: *Hijitos míos, por quienes vuelvo a sufrir dolores de parto, hasta que Cristo sea formado en vosotros* (Gá. 4:19). El segundo era el término *transformación*. Veamos:

Por tanto, nosotros todos, mirando a cara descubierta
como en un espejo la gloria del señor, somos
transformados de gloria en gloria en la misma imagen,
como por el espíritu del Señor.

(2 Co. 3:18)

La diferencia entre estos dos términos es notable y al mismo tiempo, representan el proceso de transición por el cual somos llevados por el Espíritu a medida que somos insertados en el cuerpo y nos hacemos parte de él. Es decir, lo primero es la formación de Cristo en nosotros, este término es originalmente en griego *morfoo*, lo que significa literalmente "forma" y trata sobre la influencia de los atributos morales y los frutos espirituales que estaban en Cristo, a fin de que podamos imitarlo a él, lo cual implica que una forma superior se introduzca dentro de otra inferior. El segundo trata sobre la transformación en Cristo, el término es *metamorfoo*, esta declaración involucra literalmente un cambio radical y total, donde la naturaleza espiritual dentro de nosotros afecta y transforma la externa y carnal, logrando que expresemos la gloria de Dios que está dentro de nosotros. Esta es la esencia que debemos notar.

El cual transformará el cuerpo de la humillación nuestra,
para que sea semejante al cuerpo de la gloria suya,
por el poder con el cual puede también sujetar
a sí mismo todas las cosas.

(Fil. 3:21)

El poder que sujeta todas las cosas es la Palabra de Dios, esa Palabra está en nosotros con el fin de llegar a transformarnos en la misma gloria de la Palabra viva, es decir, nuestro destino al entrar en el cuerpo de Cristo es ser influenciados por la naturaleza de la gloria suya y transformarnos en su misma imagen por la acción del Espíritu Santo.

El apóstol Pablo, en 2 Corintios 3 emplea los términos *Gloria* e *Imagen* con el mismo valor, esto significa que la influencia del Espíritu Santo en la vida de todo creyente debe provocar por naturaleza una transformación espiritual que genere en el interior del hombre la formación progresiva de la imagen de Cristo. Esta transformación en cada creyente debe llegar al punto de que nos miremos y reflejemos como si fuéramos un espejo del mismo Señor Jesús, lo que representa que la manifestación de la Palabra en nosotros debe llegar a sustituir nuestra propia naturaleza por la naturaleza de Cristo. La Palabra de Dios se desatará en nuestro interior por la acción del Espíritu Santo hablando en nuestro espíritu. Ese testimonio vivo tiene el poder de transformarnos para siempre, ese nivel de relación nos abre las puertas a lo sobrenatural de forma sorprendente, y nos hace consientes de la realidad invisible de Dios con la misma intensidad que la nuestra.

La iglesia debe expresar de forma normal lo sobrenatural, debe hacer de forma ordinaria, lo extraordinario y debe renunciar a sí misma para expresar a Cristo, la Palabra viva en toda la tierra.

La manifestación del Espíritu en el hombre representa el plan vivificador de Dios, para que cada hombre regrese a ser espíritu en primer lugar, y se mueva en una permanente vivencia espiritual, conectado con el Reino invisible y listo para establecer los decretos divinos en la tierra.

La iglesia es la encargada de manifestar la Palabra de Dios en toda la tierra, no solo en su mensaje, sino sobre todo en su propia vida y testimonio, en la expresión de una vida sobrenatural y poderosa.

La iglesia ha recibido la manifestación heredable, ya que la vida de Cristo nos es revelada, ministrada e influenciada por el Espíritu Santo, quien es la bobina de poder que impulsa la última manifestación viva de la Palabra, la iglesia.

La iglesia expresa la Palabra, por cuanto es un depósito y canal para ella.

Así concluimos este capítulo, usted pudo conocer las manifestaciones de la Palabra en toda la historia:

1. La creación: manifestación visible: La Palabra crea (He. 11:3).
2. La Ley: manifestación legible: La Palabra se retiene (Sal. 119:97).

3. Los profetas: manifestación audible: La Palabra se oye (Jer. 1:4-7).
4. Jesucristo: manifestación viva: La Palabra tiene identidad (Jn. 1:1-3).
5. La iglesia: manifestación heredable: La Palabra mora en el creyente (Col. 3:16).

Partiendo de aquí podemos avanzar hacia el próximo fundamento que nos abrirá un poco más este camino de restauración, que marca el principio de la generación que regresará a moverse en los dichos de su boca.

CAPÍTULO 6

LA **IMPORTANCIA** DE LA **REVELACIÓN**

*No ceso de dar gracias por vosotros, haciendo memoria
de vosotros en mis oraciones, para que el Dios
de nuestro Señor Jesucristo, el Padre de gloria,
os dé espíritu de sabiduría y de revelación
en el conocimiento de él.*
(Ef. 1:16-17)

*La revelación es inmortal, tal y como Dios lo es.
Si hacemos desaparecer la revelación es como decir
que Dios ha muerto y jamás volverá a hablar.*

Recuerdo una antigua historia que relata la fama de un extraordinario restaurante en Francia, su reconocimiento se debía al innovador y creativo potencial de un anciano chef de cocina que cada día sorprendía con la creación de nuevas y exquisitas recetas que extasiaban a sus clientes. Este anciano fue encontrado en la calle por el padre de la familia dueña de aquel restaurante, el cual inmediatamente supo el tesoro que había dentro de este hombre y lo puso como chef principal sobre toda la cocina del restaurante, que en aquel entonces se llamaba El Legal. Su filosofía para captar la atención de sus clientes se basaba en prometer legalidad en la elaboración culinaria, es decir, que recibirían lo que cada receta lleva originalmente, sin alteraciones, ni modulación alguna.

El restaurante tenía una clientela promedio que estaba acostumbrada a lo mismo, hasta que llegó el anciano chef, quien con su diversidad y vida logró que el restaurante fuera conocido en todo el mundo, tomando un nuevo nombre, El Inmortal, por la inmensa y asombrosa variedad de su menú, que se renovaba y enriquecía diariamente. Un lamentable día el anciano chef muere, pero dejó escritas todas sus recetas, así que el dueño contrató buenos cocineros que se dedicaran a preparar las recetas del extraordinario anciano fallecido.

El dueño del restaurante deseaba mantener la calidad a cualquier precio, pero al ver que era imposible reemplazarlo y siendo ya de edad avanzada murió poco tiempo después, tomando la responsabilidad su hijo mayor, el cual deseaba que no se notara la ausencia del anciano y que el restaurante mantuviera su prestigio a nivel internacional. Los nuevos cocineros llegaron a preparar las recetas con la misma calidad que su creador, pero aun así la clientela del restaurante menguaba día a día.

El joven dueño no entendía por qué pasaba esto, hasta que un día un cliente osó preguntar: "¿Qué hay de nuevo en el menú?". A lo que el joven respondió: "¿Ha probado el estofado de res del afamado anciano?", "Si", respondió el cliente, "¿Acaso ha comido las carnes rellenas del anciano chef?", insiste el joven, "Sip", dijo aburriéndose el cliente mientras golpeaba suavemente la mesa con la yema de los dedos. El joven dueño mencionó el nombre de una docena de recetas que había memorizado, con la esperanza de sorprender con alguna al impertinente cliente, pero a todas respondió de la misma manera, por fin el joven se rindió y admitió diciendo: "No, señor, no tenemos nada nuevo". El cliente se puso de pie y mirando fijo a los ojos del joven le dijo: "Entonces no merecen el nombre que llevan".

Fue así como decidieron cambiar el nombre del restaurante llamado "El Inmortal", por "El Memorable". De esta forma, todo el que acudiera a él lo haría consciente de que jamás probaría algo nuevo, solo lo que aquel chef preparó durante su carrera, y en memoria a su vida, los platos aún se sirven para el consumo de miles de personas que vienen solo a recordar.

La vida depende de su fuente original, si nos desconectamos de ella morimos irremediablemente. La revelación es la única vía mediante la cual el Espíritu Santo nos mantiene conectados a la fuente de toda vida que es Dios, este fue el mensaje del Edén, pero Adán no entendió la profundidad de la Palabra divina: *ciertamente morirás* (Gn. 2:17). Estas palabras tendrían cumplimiento en la falta de relación directa con Dios. Así como se apaga un equipo electrónico al ser desconectado de la corriente, el hombre muere sin la revelación de la Palabra y la presencia de Dios, porque la Palabra es viva (He.4:12), solo ella transmite la vida de Dios al espíritu del hombre. Esta vida no se puede transmitir a través de la letra, aun cuando la letra contenga estrictamente las Palabras que Dios ha dicho, su composición escrita no puede vivificar al hombre, por tanto, la revelación continúa siendo la única salida para el plan vivificador de Dios.

Si el ministerio de muerte grabado con letras en piedras fue con gloria [...] ¿cómo no será más bien con gloria el ministerio del espíritu?

(2 Co. 3.7-8)

Son palabras duras: *el ministerio de muerte*, evidentemente los apóstoles comprendieron que la vida espiritual no sería devuelta al hombre hasta que fuera restaurada la revelación por medio del Espíritu. El hombre es espíritu, por tanto necesita estar conectado con Dios para permanecer vivo. La letra no pudo, ni podrá jamás establecer esa conexión, pero el Espíritu Santo aviva nuestra relación con Dios por medio de la revelación. *¿Cómo es posible entonces que la iglesia tuviera la fantástica idea de anunciar la desaparición de la revelación?* Sin duda, estamos ante el desacierto teológico más grande de la historia, pero lo más triste es la forma tan ridícula con la que se aferran a sus tradiciones ignorando los diseños divinos.

Durante muchos años yo fui un hijo de estas tradiciones, hasta que el Espíritu Santo me encontró para cambiar el rumbo de mi vida.

Nací en el seno de una iglesia que gustaba del mover del Espíritu, mas con el transcurrir del tiempo se enamoraron del estudio y los cursos teológicos, porque la misma obra colocó estos estudios como medidores de la madurez y la validez de los ministros para alcanzar nuevas oportunidades. Esto desencadenó una nueva proyección que acabó con la vida de la iglesia, nuestros hombres ungidos habían desaparecido, pero en su lugar teníamos ministros bien educados y refinados. Recuerdo una de las frases que me enseñaron mientras estudiaba el bachiller, la escuché en uno de los talleres a los que asistí. El profesor dijo así: "Estudiantes, no importa qué oigan dentro de ustedes, o fuera de ustedes, lo más importante es lo que tienen delante de ustedes". Dijo esto mientras sostenía con firmeza la Biblia frente a su rostro, y concluyó: "Recuerden esto, todo lo que Dios quería decirme, ya me lo dijo, está frente a nosotros".

Por un momento sentí que entre Dios y yo no había más nada que hablar, percibí que el Señor había sido muy responsable en inspirar a todos estos hombres, así que no era necesario que hablara conmigo, yo solo debía ser muy diligente en estudiar y memorizar, de esta manera sabría lo que el Señor me dice día a día. Fue así como surgieron muchos métodos para buscar la dirección diaria de Dios. Uno de ellos fue hacerme de un promesario que contenía pequeñas tarjetas con promesas bíblicas, siempre antes de orar extraía una por el Padre, otra por el Hijo y otra por el Espíritu Santo, y así sabía lo que Dios me decía todos los días. También incursioné en el método de orar pidiendo a Dios que al abrir la Biblia y poner mi dedo sobre la página sorpresa, estuviera allí lo que él quería decirme, y así busqué intensamente dirección divina. Pero en lo más profundo de mí ser sabía que moría lentamente, hasta que un glorioso día el Espíritu Santo vino por su inmensa gracia a mi vida y me hizo entender por qué yo era tan perseguidor de todos estos métodos. En realidad, quería calmar por medio de ellos una sed insaciable que había en mi espíritu: comunicarme con el Padre. Solo así comprendí mi desesperación y pude entender estas palabras:

Como el ciervo brama por las corrientes de las aguas,
Así clama por ti, oh Dios, el alma mía.
Mi alma tiene sed de Dios, del Dios vivo.

(Sal. 42:1-2)

Caí al suelo llorando y en medio de mi quebranto, oí en lo más profundo de mí, la voz del Espíritu Santo diciéndome: *Tú eres mi hijo, nadie puede robarte el derecho de hablar conmigo.* De repente fui consciente de una realidad más allá de los estudios, de las teologías y de los razonamientos religiosos, lo más sorprendente es que había experimentado tal conciencia de Dios sin necesidad de entonar muchos cánticos y danzar por largas horas, como solía hacerlo antes. Estuve ciego, sordo y mudo mucho tiempo, porque no comprendía el propósito de las Escrituras, la biblia jamás se atribuye ser la única palabra, ni anuncia el final de la revelación, en ellas los hombres hablan con Dios, pero mis líderes me decían que a mí solo me tocaba leer lo que ellos decían. Pero el día en el que el Espíritu me visitó yo volví a escuchar la voz dentro de mí y comprendí que no existe otra vía más fiel y original que esta.

¿QUÉ ES LA REVELACIÓN?

La revelación es la acción de Dios en el interior del hombre para manifestar la verdad en el único lugar del ser humano que posee la capacidad intrínseca para captar la voluntad divina, su espíritu. Este mensaje nos llega de forma que podamos comprenderlo, gracias a que el espíritu del hombre ejerce influencia sobre su intelecto para hacerle consciente de la verdad suprema. No hay otra forma de que podamos comunicarnos a través de la revelación.

Esta dinámica surge con el propósito de ayudarnos a caminar en constante actualización de las verdades eternas, para que nuestros pasos sean un reflejo de la realidad celestial. La revelación es el vehículo mediante el cual se provee al creyente de toda gracia y favor sobrenatural, por tanto, la revelación es eterna, así como lo es Dios, pues no existe ninguna otra vía inerrante e inalterable que pueda manifestar en el hombre la autoridad de la Palabra. La revelación solo desaparecerá si Dios muere, reconocer que la revelación ha terminado es como decir que Dios ha muerto y jamás nos hablará de nuevo. La iglesia sin revelación deja de ser efectiva y se vuelve tradicional, ya que el fluir de la Palabra es estorbado y sustituido por la memoria y el estudio.

De la revelación se derivan otros términos como: inspiración, iluminación, conocimiento, estos también son importantes, pero la única fuente genuina de información que no sufre alteraciones, ni literarias, ni culturales, ni sociales a la hora de trasmitir la verdad, es la revelación. Por tanto, es ella la única vía mediante la cual Dios trasmite vida al hablar su Palabra. *Porque la letra mata, más el espíritu vivifica* (2 Co. 3:6), *las palabras que yo os he hablado son espíritu y son vida* (Jn. 6:63).

Si la iglesia cree que Dios aún vive, no tiene derecho a renunciar a la revelación. Solo cuando Dios habla directamente a su pueblo hay vida y seguridad en todo lo que se emprende.

La revelación es la única respuesta de Dios para deshacer el tradicionalismo y la religión de los hombres que terminan convirtiendo el pasado en un yugo presente muy difícil de soportar, pues generalmente decoran estas revelaciones pasadas con muchas tradiciones humanas para enraizar a sus pupilos en el arte del estancamiento, quitándoles la libertad de conocer la fuente que revela y guía a toda la verdad.

La revelación es algo que nos pertenece, es algo imperecedero e imprescindible en la iglesia, pero la tradición ha terminado condenándola a ser solo un patrimonio de la iglesia pasada, y no una vigencia en la iglesia presente. El ministerio de la Palabra en la iglesia solo podrá restaurarse a plenitud una vez que se reconozca la importancia de la revelación como un suceso presente, y se redescubra su verdadera naturaleza y proyección.

LA REVELACIÓN, SEGÚN LA TEOLOGÍA.

Los libros de teología básica hablan de la revelación como un suceso finalizado, que surgió por la razón de dar a conocer a Dios, pero una vez conseguido ha desaparecido. La revelación es presentada por medio de 10 canales posibles:

1. La suerte: Diversos métodos de echar suerte, y recibir así la voluntad de Dios (Hch. 1:26).
2. El Urin y Tumim: Piedras usadas por los sacerdotes para consultar la voluntad de Dios (Ex. 28:30).
3. Los sueños: Revelaciones en sueño que anuncian acontecimientos futuros (Mt. 2:12).
4. Las visiones: Cuadros proféticos ocurridos en el espíritu humano donde Dios revela misterios (Dn. 8:1).
5. Los Ángeles: Mensajeros celestes que ejecutan la voluntad de Dios (Hch. 8:26).
6. Las teofanías: Manifestaciones del Ángel de Jehová, como figura de Cristo (Ex. 3:2).
7. Los eventos: Sucesos que comunican un mensaje de Dios, o el cumplimiento de su Palabra (Lc. 2:12).
8. Los profetas: Mensajeros que expresan la Palabra de Dios (Jr. 1:4-7).
9. Jesucristo: La Palabra encarnada (Jn. 1:1-3).

Y el último y gran final:

10. LA BIBLIA: *Conjunto canónico de libros que contienen la Ley, la historia de Israel, el ministerio de Cristo y el desarrollo y destino de la iglesia.*

Esta es la historia que se nos cuenta tocante a la revelación, y como podemos apreciar, fue estructurada de tal forma que tiene principio y fin. Seguramente no soy el único que no comprende bien el final de esta lista, pues si Dios había determinado desde antes de la fundación del mundo que el desarrollo de la iglesia de Jesucristo sería marcado por el establecimiento de la Escrituras como una nueva fuente directa de toda la revelación en sustitución de la Palabra, esta imprescindible verdad debió ser anunciada por él y expuesta con claridad por cada uno de sus instrumentos. Sin embargo, el último lugar de la lista presentada por la teología no posee sustento alguno en las mismas Escrituras, pero lo más terrible de esta historia es que las evidencias bíblicas sí precisan cuál es la última fuente de la revelación divina, y de una forma que muchos no logramos entender aquella primera generación de investigadores ni siquiera le dio un lugar en su lista.

> *Mas el Consolador, el Espíritu Santo,*
> *a quien el Padre enviará en mi nombre;*
> *él os enseñará todas las cosas, y os recordará*
> *todo lo yo os he dicho.*
>
> (Jn. 14:26)

Esta más que claro cuál es la última fuente de revelación establecida por Cristo ¿Cómo es posible que Jesús sea reconocido como la antepenúltima fuente de revelación y que luego el Espíritu Santo a quien él mismo introduce, para cumplir su misma tarea, sea ignorado tan irresponsablemente? La respuesta es sencilla. Solo quien intenta hacer desaparecer la revelación ignora al Espíritu Santo y coloca al recipiente donde se plasma lo revelado como la fuente original. Este grave error es un acto homicida hacia la revelación de Dios y una justificación para regresar al régimen viejo de la letra.

Si la iglesia reconoce al Espíritu Santo como la fuente de la revelación, la revelación es inmortal, como su mismo canal lo es, y la Escritura sería el recipiente donde se escribe lo que él revela. Pero si se coloca al objeto de lo revelado como la fuente, la revelación solo será representada por lo que se dijo, pero jamás por lo que se dice, esto la envía al sitio patrimonial, pero no vigente. Tanto lo que se dijo como lo que se dice tiene importancia en el Reino de Dios, Jesús dijo:

Él les dijo: Por eso todo escriba docto
en el reino de los cielos, es semejante a un padre de
familia, que saca de su tesoro cosas nuevas y cosas viejas.
(Mt. 13:52)

En el Reino de Dios es importante lo viejo, pero es imprescindible lo nuevo. Cualquier cultura que aprecie lo viejo y no dé lugar a lo nuevo está próxima a desaparecer, por lo que el Reino de Dios se desarrolla valorando lo que se dijo, pero estableciendo lo que se dice. Este fue el centro del desarrollo de la iglesia apostólica, la actualización de las revelaciones proféticas, fueron el centro del crecimiento espiritual de aquella generación, y no debe ser diferente hoy. La revelación debe acercar la voluntad de Dios cada vez más a las culturas y generaciones actuales, por medio de la relación con el Espíritu Santo.

Es tiempo de que la iglesia se arrepienta de la injusticia cometida con el enviado del Padre, la iglesia tradicional le ha reducido únicamente a un proveedor de ayuda para la correcta interpretación escritural, pero su función como fuente original de la revelación está mucho más allá, sin necesidad de contradecir lo que ha sido dicho y/o escrito.

Reconocer al Espíritu Santo como la fuente original de la revelación nos hace demasiado dependientes de él, digo demasiado refiriéndome a los sensuales que no aman al Espíritu, los que prefieren tenerlo todo controlado y acomodado. Depender del Espíritu es demasiado incómodo para un religioso, por esta causa prefieren creer que todo está en leer bien y saber usar ciertos y determinados métodos de investigación que les aseguren una sana doctrina, por consiguiente la tradición afirma que revelación es únicamente lo que está escrito, estableciendo así a la Escritura como la fuente inagotable y no como el canal que la fuente utiliza. Solo el Espíritu de Dios es inagotable, de él depende que lo que ha sido Escrito produzca verdadera vida. De lo contrario todo será resumido en números de doctrinas, de libros, de códigos, de reglas etc. En fin, religión. Pero si el Espíritu es la fuente, la verdad es inagotable, la revelación es inagotable, la vida es inagotable, porque él es inagotable.

Esta es la carencia de la iglesia actual, carencia de vida, de poder, de actualización divina, porque decidieron castrar lo que Dios jamás dio por terminado.

Un cesacionismo oculto

El cesacionismo es una tendencia filosófica que surgió con el objetivo de enseñar a las comunidades cristianas posteriores a la era apostólica, introducidas en diferentes movimientos, que la práctica del cristianismo actual es limitada, con respecto a su desarrollo original. Esto significa que los creyentes de hoy no poseen los privilegios de los primeros cristianos, anunciando así la desaparición de ciertas cosas que mencionaremos a continuación.

El cesacionismo abarca diferentes posturas, algunos aseguran que para la iglesia actual han cesado los milagros, otros, que han cesado las lenguas, otros que han cesado las profecías, y la aparición de Ángeles, etc. La mayoría de las denominaciones y posturas religiosas de hoy se reparten estas herencias teológicas y filosóficas de sus padres, las cuales han entenebrecido el corazón de la iglesia para velarla a la verdad. Pero más terrible que todas estas tendencias cesacionistas es una en particular que ha pasado inadvertida, que no ha sido observada ni cuestionada jamás, la cual se denomina: El cesacionismo de revelación. Esta creencia asegura que la revelación ha terminado y para lograr que los creyentes lo acepten sin tener ninguna evidencia teológica, doctrinal o escritural, establecieron un modelo de estudio divido en tres pasos para la manifestación de la verdad de Dios.

Este es el modelo del que hablamos: Dios revela su voluntad de tres formas:

1. Revelación: Dios habla al hombre.
2. Inspiración: El hombre escribe lo que oye.
3. Iluminación: El hombre conoce la voluntad de Dios recibiendo iluminación de lo que está escrito.

Luego de esta enseñanza y casi como una lamentable noticia, se aclara que las dos primeras formas ya no están vigentes y que solo tenemos acceso a la última: ILUMINACIÓN. ¿Pero tenemos alguna base escritural para respaldar esta idea? ¿Existe alguna profecía bíblica que nos asegure que Dios cambiaria así de esa manera en los últimos tiempos? ¿Hay alguna promesa, alguna enseñanza apostólica que nos asegure que estamos haciendo lo correcto? NO. Definitivamente no existe, toda esta gama de enseñanzas extra y antibíblicas provienen de la tradición que estableció como fundamento un acontecimiento histórico, llamado CANON. A partir de ahí toda la teología cambió. No podemos desechar toda la labor canónica, porque en lo personal considero que fue importante hacer una selección de libros y excluir algunos libros dañinos que podían traer confusión en el pueblo, en ese sentido estoy de acuerdo con la labor canónica, pero una cosa es seleccionar los libros, certificarlos y recomendarlos a la iglesia y otra muy distinta es tomarse la atribución de prohibir el derecho a plasmar en cartas lo que Dios revela al hombre y por consiguiente, cerrar la revelación y menospreciar la unción profética. Eso es ilegal y ningún hombre o concilio en la tierra tiene derecho a hacerlo a no ser que Dios lo haya anunciado y mandado estrictamente, y tal mandato debería aparecer plasmado proféticamente, ya que esta orden alteraría directamente el curso natural de la iglesia, la cual siempre ha funcionado de esta manera y contradice las mismas legalidades del nuevo pacto. Pero si Dios estaba interesado que así fuera, el cese del canon debió ser el giro profético más sorpresivo de la historia, pero lamentablemente detrás de este acto no se nota una guianza profética o divina más bien una medida desesperada por evitarse otra labor canónica en el futuro. Era más sencillo cerrarlo que permitir más errores en la historia.

Esta forma de lidiar con los errores es muy humana, pero no se parece en nada a cómo actúa Dios. Cuando hay falsos profetas, Dios levanta verdaderos profetas, cuando hay falsos reyes Dios levanta verdaderos reyes, cuando hay falsos milagros Dios levanta hombres que hagan verdaderos milagros, Dios no renuncia a su poder porque existan gente que lo usen mal, y jamás utiliza instrumentos embotados de conocimiento pero vacíos de él, para juzgar lo que hacen aquellos que han experimentado su poder sobrenatural.

Regresemos al tema. Si creemos lo que la tradición enseña, significa que ya Dios no volverá a hablarnos, ni a inspirarnos para nada más, solo nos queda creer que todo está dicho, que fue solo un privilegio antiguo, pero no una herencia vigente, más eso es totalmente anti bíblico, aunque para lograr enseñarlo la tradición haya querido colocar la Biblia en el lugar de la fuente que es el Espíritu, lo cual es también anti escritural. La Escritura es un tesoro de enseñanza e instrucción, pero la fuente que la enriquece, la activa y la usa es definitivamente el Espíritu Santo, es por eso que la revelación no puede desaparecer.

El cesacionismo de revelación es el fundamento sobre el cual la iglesia tradicional condena a los hombres que son guiados por el Espíritu, la religión teme a todo aquello que no sabe cómo controlar y manipular, por tanto la revelación es una amenaza para el gobierno religioso y sus vidas bien seguras y calculadas.

LAS EVIDENCIAS DE LA REVELACIÓN ACTUAL.

Es cierto que no existe evidencia escritural para alegar que la revelación ha desaparecido, mas por el contrario, existen muchísimas pruebas para afirmar que la revelación está vigente para la iglesia actual. A continuación expondremos estas clarísimas demostraciones las cuales no dejan lugar a duda de que la tradición ha cometido una injusticia y ha obstaculizado el desarrollo de la actualización divina en el creyente.

Solo debemos observar cuáles son las fuentes de revelación que la enseñanza tradicional ha reconocido, que se encuentran en la lista expuesta con anterioridad, y dónde podemos hallar algunas como: los sueños, las visiones y las profecías. ¡ATENCIÓN! Estas tres fuentes no han desaparecido, sino que están vigentes el día de hoy.

Mas esto es lo dicho por el profeta Joel: Y en los postreros días, dice Dios, Derramaré de mi Espíritu sobre toda carne, Y vuestros hijos y vuestras hijas profetizarán; Vuestros jóvenes verán visiones, Y vuestros ancianos soñaran sueños; Y de cierto sobre mis siervos y sobre mis siervas en aquellos días, Derramaré de mi Espíritu, y profetizarán.

(Hch. 2:16-18)

Porque para vosotros es la promesa, y para vuestros hijos,
y para todos los que están lejos, cuantos el Señor
nuestro Dios llamare.

(Hch. 2:39)

El apóstol Pedro cita la profecía de Joel donde Dios promete su Espíritu en los días postreros, este derramamiento sobrenatural del Espíritu provocaría que cualquier persona común que crea en Cristo experimente lo que solo un profeta, un sacerdote o un rey de la antigüedad podía hacer. La comunión y el privilegio de oír y hablar con Dios no son un patrimonio antiguo, son un regalo permanente que la iglesia posee. ¿Cómo es posible que la revelación acabe justo cuando el Espíritu Santo es derramado sobre toda carne? ¿Acaso no es el Espíritu quien revela al hombre los misterios de Dios?

Pero Dios nos las reveló a nosotros por el Espíritu;
porque el Espíritu todo lo escudriña, aun lo profundo
de Dios. Porque ¿quién de los hombres sabe las cosas
del hombre, sino el espíritu del hombre que está en él?
Así tampoco nadie conoció las cosas de Dios,
sino el Espíritu de Dios.

Y nosotros no hemos recibido el espíritu del mundo,
sino el Espíritu que proviene de Dios, para que sepamos
lo que Dios nos ha concedido.

(1 Co. 2:10-12)

La revelación es el descubrimiento de lo oculto en el corazón de Dios, esa es la función más importante que realiza el Espíritu Santo. Alegar que la revelación ha terminado es negar al Espíritu Santo, es limitar su poder, es reducir su influencia en el hombre y convertirlo solo en un tutor de estudio.

El apóstol Pedro le recuerda a los creyentes que esta experiencia no es solo momentánea, sino que su vigencia y continuidad es para todos los que el Señor, nuestros Dios llamare (Hch. 2:39).

Veamos otro ejemplo:

Una de las cosas más importantes en el Reino es la justicia, la cual es Cristo en nosotros a fin de enseñarnos cómo conducirnos y obrar en todo momento, esa justicia es el resultado de la revelación por medio de la fe:

> *Porque en el evangelio la justicia de Dios*
> *se revela por fe y para fe.*
>
> (Ro. 1:17)

La justicia que debe morar en nuestros corazones se nos revela sobrenaturalmente por medio del Espíritu. Cuando tenemos fe en Cristo, esa fe atrae la influencia del Espíritu de Dios, quien nos revela la vida de Cristo y nos muestra el camino de la verdad, esto es un sustento de la misma Palabra del Señor:

> *Pero cuando venga el Espíritu de verdad,*
> *él os guiará a toda la verdad.*
>
> (Jn. 16:13)

La revelación es parte de la vida del Reino, la comunicación con Dios por medio de su Espíritu para revelarnos su propósito y su voluntad es indispensable, no comprender la importancia de la revelación nos limita en el ministerio de la Palabra, la revelación es el canal de la palabra *rema*, es la fuente que provee la espada, es la fuerza y el sustento de quien sirve a Dios y sigue su plan perfecto para su vida.

El apóstol Pablo reconoce que la revelación es para los creyentes, y pide en oración para que sean dotados de ella a fin de que puedan conocer los propósitos de Dios:

> *No ceso de dar gracias por vosotros, haciendo memoria*
> *de vosotros en mis oraciones, para que el Dios de nuestro*
> *Señor Jesucristo, el Padre de gloria, os dé espíritu*
> *de sabiduría y de revelación en el conocimiento de él,*
> *alumbrando los ojos de vuestro entendimiento, para que*
> *sepáis cuál es la esperanza a que él os ha llamado, y*
> *cuáles las riquezas de la gloria de su herencia*
> *en los santos.*
>
> (Ef. 1:16-18)

En ningún momento Pablo les prohíbe tener acceso a la revelación, antes bien, les comunica que ora para que todos reciban revelación en el conocimiento de Dios, a fin de conocer lo que Dios ha preparado para los santos como herencia. ¿Cuándo fue entonces que los apostales cambiaron de idea? ¿En qué momento histórico escribieron alguna carta de arrepentimiento por enseñar estas cosas y prohibieron a los creyentes escuchar a Dios? Esto jamás sucedió, la revelación no ha cesado nunca. Pero muchos que dicen creer en ella todavía piensan que la única manera de recibir revelación es a través de las Escrituras, es como vestir al mismo perro con diferente collar. Por supuesto que las Escrituras son un canal para la revelación, pero la revelación proviene directamente de lo profundo de Dios, de su conocimiento, así lo enseña Pablo: *espíritu de sabiduría y de revelación en el conocimiento de él* (Ef. 1:17). Dios puede elegir el canal que comunicará su revelación, pero no podemos establecer como fuente única y original el propio canal, ya que esto limitaría la revelación y nos desviaría de la verdad original.

Nuestro deber como hijos del reino es reconocer al Espíritu Santo como la fuente original de revelación, ya que nadie más puede escudriñar lo profundo de Dios, él es el enviado del Padre, él es el encargado de guiar nuestras vidas y de dar poder a nuestras palabras. Esa es la dimensión en que se moverá la última generación.

La revelación es la provisión de Dios para contrarrestar el tradicionalismo y la parálisis espiritual de la iglesia, es la manera en que nos mantenemos actualizados con el cielo, y la forma en que nuestras palabras se sostiene en el conocimiento de lo profundo de Dios. Un creyente con revelación es fuerte, sabio, ungido, prudente, valiente, osado y, sobre todo, estable en la victoria, muy estable, porque solo la revelación nos alumbra el camino, solo la sensación extraordinaria de oír a Dios hablar a nuestro espíritu y conmover nuestros sentidos con su voz gloriosa, hace que todos nuestros temores desaparezcan. Esa es la generación que viene, una sin temor a los poderes religiosos que acosan a los que sirven al Señor, una generación que sabe lo que tiene que hacer y se mueve por dirección divina, una generación que habla con Dios y camina en victoria total.

Si deseas alistarte y ser parte de esta generación, deja que el Espíritu Santo confirme estas enseñanzas en tu corazón y muévete en lo sobrenatural de Dios sin temor a fallar, pues si pides un pescado, Dios no te dará una serpiente, y si pides un pan, no te dará una piedra. Si deseas conocerle y moverte en el Espíritu, no terminarás defraudado, porque si las aves del cielo comen, y las flores del campo florecen, cuánto más Dios no dará su maravilloso Espíritu a quienes se lo pidan:

USA TU FE Y MUÉVETE EN LO SOBRENATURAL.

CAPÍTULO 7

EL **LENGUAJE** MUDO DE **DIOS:** SU **DEDO**

Pero Jesús, inclinado hacia el suelo, escribía en tierra
con el dedo [...] Pero ellos, al oír esto, acusados
por su conciencia, salían uno a uno, comenzando
desde los más viejos hasta los postreros.

(Jn. 8:6-9)

La revelación física del dedo de Dios escribe la palabra
solo en superficies artificiales, pero la revelación
espiritual del dedo de Dios escribe la palabra
en el corazón de los hombres.

Dios se nos ha revelado por medio de su Palabra, su voz y su dirección representan el centro de la autorevelación divina. Todo cuanto nos rodea y nos acontece puede estar marcado por un evento que pretende revelarnos su naturaleza y dirección, sin embargo existen circunstancias históricas que nos permiten comprender uno de los misterios más extraordinarios acerca de las manifestaciones de la Palabra, este misterio se denomina: la revelación del idioma mudo de Dios. El idioma se define como una forma particular de hablar o de comunicarnos. La revelación es la vía oficial para el fluir de la Palabra de Dios, no obstante, podemos distinguir que a través de los siglos Dios ha manifestado una forma de revelar su voluntad sin necesidad de hablar su Palabra. Esta forma específica tiene una característica indispensable que garantiza la integridad de la Palabra viva: El dedo de Dios. Recordemos que solo el estado puro de la revelación garantiza la preservación de la originalidad de la Palabra, cuando ella es llevada a los libros e interpretada por los hombres, surgen entonces estilos literarios y patrones culturales que pretenden aplicar, o acercar la Palabra a la comprensión y al razonamiento humano.

La Palabra de Dios únicamente se conserva pura en su estado vivo, es decir, cuando ella es espíritu y vida. A causa de que el proceso escritural la somete a estilos e interpretaciones que pueden torcer levemente su esencia original. Sin embargo, la introducción del idioma mudo de Dios se basa en la manifestación de un decreto divino, no anunciado por la Palabra que sale de su boca, sino más bien por la sentencia escrita por su dedo, es decir, Escritura divina, pero esta Escritura está por encima de aquella que fue tallada por el hombre, ya que es escrita directamente por el dedo de Dios. El dedo de Dios es el elemento indispensable en esta manifestación poco común de la Palabra, solo lo que él mismo escribe con su dedo es inalterable. Durante este capítulo veremos esta manifestación de la Palabra y comprenderemos como trasciende a nuestros días.

El dedo de Dios en la cultura hebrea.

La Palabra griega para definir dedo es *daktulos*, la cual se usa frecuentemente en sentido metafórico para definir Poder (Lc. 11:20). Este uso proviene de la costumbre antigua, tanto egipcia como hebrea, de representar los juicios divinos por medio del uso simbólico de un dedo. Así sucedió cuando los magos egipcios presenciaron el poder de Dios que se manifestaba por medio de Moisés.

Y los hechiceros hicieron así también, para sacar piojos con sus encantamientos; pero no pudieron. Y hubo piojos tanto en los hombres como en las bestias. Entonces los hechiceros dijeron a Faraón: Dedo de Dios es este.

(Ex. 8:18-19)

Es así como el término *Dedo de Dios* pasa a ser reconocido como la intervención del poder divino, para neutralizar las fuerzas del mal, pero aun Israel no conocía la aparición más extraordinaria de esta manifestación ocasional del poder de la Palabra.

El dedo de Dios se manifestaría una vez más para introducir la voluntad divina escrita en los 10 mandamientos (Ex. 31:18). Por primera vez aparecería para introducir la voluntad de los preceptos del Reino celestial. A partir de este momento, el dedo de Dios sería observado como una forma de expresar la voluntad de la Palabra.

A causa de estos eventos el término hebreo *Dedo de Dios* desata por sí solo un entendimiento del poder, el juicio, el orden y la justicia divina, de manera que a través de los tiempos esta manifestación comenzó a tomar sentido y ser reconocida como una forma muy exclusiva de revelar la Palabra de Dios.

LAS MANIFESTACIONES DE LA PALABRA
POR MEDIO DE SU DEDO.

La expresión escrita por el dedo de Dios es pura, representa la originalidad de su decreto y no es afectada por el estilo literario humano o la imposición y apreciación cultural y moral de la tierra. Cuando su dedo escribe, revela la voluntad pura y radical del corazón de Dios. Esto ha sucedido en diferentes eventos de la historia humana.

Como ya sabemos el primer ejemplo está vigente en los 10 mandamientos. Dios no escribió toda la Ley, pero las tablas que contenían los 10 mandamientos si fueron escritas por su dedo. Esta es la Razón por la que los mandamientos tomaron una connotación sagrada y santa, por encima de cualquier otra escritura. Esta importancia sagrada trascendió a toda la Ley, por la fuerza del dictado divino a Moisés, el cual talló estas ordenanzas; por lo que es natural encontrar algunas referencias escriturales que tratan los mandamientos en calidad de Palabra. Los mandamientos representan la Palabra de Dios, el fundamento de todo el antiguo Pacto y la única expresión pura de la voluntad divina, ya que la forma escritural en la que fueron tallados no era escritura humana, sino divina.

Y las tablas eran obra de Dios, y la escritura
era escritura de Dios grabada sobre tablas.
(Ex. 32:16)

La Escritura producida por el dedo de Dios es única y reproduce íntegramente la voluntad divina, tal y como sucedió en el relato del libro de Daniel.

En aquella misma hora aparecieron los dedos
de una mano de hombre, que escribía delante del
candelero sobre lo encalado de la pared del palacio real,
y el rey veía la mano que escribía. Entonces
el rey palideció, y sus pensamientos lo turbaron,
y se debilitaron sus lomos, y sus rodillas
daban la una contra la otra.
(Dn. 5:5-6)

En esta oportunidad la Escritura con el dedo de Dios se manifestó frente a la multitud, la cual reaccionó tal y como si la voz de trueno de Dios hubiese resonado en todo el palacio. Dios estaba dictando un juicio sobre el reino de Belsasar, hijo de Nabucodonosor, pero la voz de autoridad divina no se escuchó, en su lugar una Escritura con el dedo de Dios lanzaba el profético juicio.

En esta manifestación del dedo de Dios podemos comprender la originalidad de la Escritura divina, ya que no corresponde con ningún dialecto o composición idiomática de la tierra, sino que expresa exactamente el idioma del Reino invisible (Dn. 5:8-9). Como podemos ver, ningún sabio de la época podía descifrar lo que decía en la pared, esto se debe a que la Escritura con el dedo de Dios conserva el idioma original de la Palabra, por lo cual se necesita revelación para comprender su significado.

En un ejemplo muy posterior a este, sucede que el mismo Señor Jesús, decide callar ante una pregunta, y comienza a escribir con el dedo en la tierra (Jn. 8:6-9). Pero a pesar de la precisión que tuvieron los narradores y escritores de los evangelios, para plasmar el escenario en que se desarrolló el ministerio de Cristo, ninguno pudo descifrar lo que Jesús escribía en el suelo. A raíz de este acontecimiento se han desencadenado miles de mensajes que pretenden especular acerca de aquella escritura en el polvo, todos estos se parecen a los sabios babilónicos, tratando de darle una explicación a lo que decía en la pared del palacio de Belsasar.

Lo cierto es que Jesús escribió en el suelo con su dedo marcando el último ciclo en que el dedo divino escribiría sobre superficies artificiales, porque la próxima manifestación del dedo celestial se revelaría en la esencia original de su naturaleza, así como lo había hecho la misma Palabra encarnada.

La naturaleza original del dedo de Dios.

Hasta este momento, el dedo de Dios se ha manifestado para plasmar la Palabra muda en superficies artificiales, pero según los tiempos determinados por Dios en las profecías, la muerte de Cristo marcaría el inicio de la instauración del Nuevo Pacto (He. 9:15), donde dice:

> *Pondré mis leyes en la mente de ellos,*
> *Y sobre su corazón las escribiré; Y seré a ellos por Dios,*
> *y ellos me serán a mí por pueblo.*
> (He. 8:10)

En este caso la Escritura debe ser espiritual, ya que el lugar donde se escribirá es en el interior del hombre, por tanto el dedo de Dios debe ser restaurado, pasando de su comprensión natural a su entendimiento y revelación espiritual. Esto fue lo que restauró el Señor Jesús al introducir al Espíritu Santo en calidad del Dedo de Dios.

Mas si por el dedo de Dios echo fuera los demonios, ciertamente el reino de Dios ha llegado a vosotros.

(Lc. 11:20)

Como sabemos, esta es una referencia al Espíritu Santo según Mateo 12:28. Por tanto, el Espíritu Santo es la manifestación de la naturaleza original del dedo divino en el Nuevo Pacto, el cual ejecuta la sentencia y los decretos del Reino invisible. En 2 Corintios 3:3 el apóstol Pablo asegura que el dedo de Dios ya no está escribiendo en piedra, sino en tablas de carne del corazón, y no con tinta, sino con el Espíritu del Dios vivo.

Siendo manifiesto que sois carta de Cristo expedida por nosotros, escrita no con tinta, sino con el Espíritu del Dios vivo; no en tablas de piedra, sino en tablas de carne del corazón.

(2 Co. 3:3)

De manera que ya Dios no tiene Pacto con lo que se escribe con tinta sobre superficies artificiales, pues su Pacto es únicamente con aquello que el Espíritu Santo en la revelación original de su dedo, escribe día a día en el corazón del creyente. Esta es una verdad perdida en la mente de la iglesia, por el desconocimiento y entendimiento de la revelación del Nuevo Pacto, donde todo lo que era sombra, ahora reaparece en la esencia y comprensión original de la realidad invisible.

Indiscutiblemente, somos la tabla de Dios, y el Espíritu Santo es el dedo divino que revela en nosotros la Ley del Nuevo Pacto, la cual es Cristo.

Las diversas revelaciones del dedo de Dios a través de la historia han sido reconocidas como una manifestación de la Palabra. Por tanto, el mensaje actualizado de la iglesia es este: Cristo es la Palabra viva, el Espíritu Santo es el dedo que la escribe, y la tabla del Pacto es el corazón de cada creyente. Solo así podremos redescubrir nuestra posición en el Cuerpo de Cristo y nuestra responsabilidad de ser un reflejo del poder y la gracia sobreabundante de Dios.

CAPÍTULO 8

LOS **TÉRMINOS** GENERALES
PARA **DEFINIR** LA **PALABRA**

*Os ruego, pues, hermanos, por el nombre de nuestro Señor
Jesucristo, que habléis todos una misma cosa, que no haya
entre vosotros divisiones, sino que estéis perfectamente
unidos en una misma mente y en un mismo parecer.*
(1 Co. 1:10)

*Solo cuando veamos las cosas como Dios las ve,
llamaremos a las cosas como Dios las llama.*

El redescubrimiento de la revelación del Reino no solo implica el entendimiento de un sistema de gobierno que proviene de Dios, sino también la implantación de una cultura divina que transforma la mente y el corazón de los hombres. La cultura es parte del proceso de colonización del Reino, ya que por medio de ella el hombre es moldeado al estilo de vida que agrada a Dios; este ha sido el conflicto más grave de la iglesia contemporánea, porque sus tradiciones provienen de una era pos apostólica, que no guardó el modelo original del Reino. Por consiguiente, extendió una cultura religiosa que no honra los principios originales en los que fue establecida la primera iglesia, como consecuencia surgió una subcultura que se insertó en la vida religiosa de la iglesia para opacar y sustituir los fundamentos originales del Reino por establecimientos tradicionales y meramente humanos.

La misión de Dios a través de los años ha sido levantar hombres con una tarea como la de Esdras o Nehemías, la cual fue reedificar, o reconstruir, lo que ha sido olvidado y destruido. Cada uno de ellos ha tenido que comenzar por restaurar aspectos claves en la cultura original de la iglesia, para así comprender el propósito de Dios desde el principio.

La cultura es el conjunto de todas las formas, los modelos o patrones, explícitos o implícitos en que se regula el comportamiento de una sociedad. Ella implica creencia, vestimenta, antropología, información, sociología, literatura, etc. Dentro de estas tendencias tiene un lugar primordial la terminología, pues la regla para llamar a ciertas cosas es indispensable en una cultura sana.

El desarrollo saludable del Reino de Dios necesita sostenerse sobre la terminología correcta para definir la Palabra de Dios, porque a diferencia de las culturas humanas, donde se propaga la libertad del pensamiento y la libre decisión para que los hombres sean como creen que es correcto y llamen a las cosas como mejor les parezca. En el Reino de Dios no funciona así, pues este representa un régimen espiritual que guía al hombre a vivir bajo un mismo sentir, una misma mente y una forma específica de hablar: *que habléis todos una misma cosa* (1 Co. 1:10).

Hablar como Dios habla es imprescindible, pero antes, es necesario ver las cosas como él las ve. Los grandes problemas terminológicos que maneja la iglesia tocante a la Palabra de Dios provienen de tradiciones muy viejas que se intrincaron en el pensamiento de la iglesia. Estas tradiciones fueron establecidas a partir de la era del catolicismo, donde se variaron otras terminologías, fechas, costumbres y principios que maltrataron la cultura original del Reino de Dios.

En este capítulo nos ocuparemos de regresar a la terminología original de la Palabra, a fin de que nuestra manera de hablar esté más cerca de la manera en la que Dios habla, lo cual hará que nuestras palabras sean más efectivas.

Antes es necesario aclarar que el término Palabra se utiliza en dos formas dentro de la cultura del Reino; la primera es la forma identificativa, es decir: ¿Quién es la Palabra? Y como ya sabemos, en calidad identificativa, solo Cristo es la Palabra, pues esta es su naturaleza desde el principio. La otra es la forma descriptiva, es decir: ¿A qué se le llama Palabra? Esta forma implica la manera en que podemos reconocer la intervención de la Palabra de Dios, por medio de sus diferentes canales, tanto en la historia pasada como en la actualidad. Este será el perfil que nos ocupe, y el que demostraremos a partir de las evidencias escriturales.

EL TÉRMINO *PALABRA*. DESDE LA CREACIÓN HASTA MOISÉS

Durante esta dispensación, el término Palabra es conocido en su forma más elemental, es decir, su voz audible. La voz de Dios estuvo presente en la vida de los hombres antes que cualquier otra forma de identificar la Palabra. La manifestación de su voz audible es la expresión original, y el concepto más elemental para describir la Palabra de Dios.

Luego vino a él la Palabra de Jehová, diciendo:
No te heredará este, sino un hijo tuyo será
el que te heredará.

(Gn. 15:4)

Y hablaba Jehová a Moisés cara a cara,
como habla cualquiera a su compañero.

(Ex. 33:11)

La voz de Dios es el origen del conocimiento de la Palabra, este fundamento es inamovible e insustituible, esta fue la forma en la que Dios se autorreveló a Abraham, para darle la promesa de la venida de Cristo, quien sería la encarnación misma de la Palabra eterna.

El término Palabra desde Moisés hasta Cristo.

El llamado de Dios a Moisés introduce un régimen que contiene la voluntad de Dios escrita, este régimen tenía su fundamento en los 10 mandamientos, los cuales describen la voluntad moral y espiritual de Dios. Estos mandamientos son solo la sombra del carácter de Cristo, y fueron introducidos a causa de las transgresiones del pueblo, para que tuvieran un ayo de justicia, pero su duración como régimen sería hasta la llegada de aquel de quien hablaba la promesa, el cual es Cristo.

Entonces ¿para qué sirve la ley? Fue añadida a causa
de las transgresiones, hasta que viniese la simiente
a quien fue hecha la promesa; y fue ordenada
por medio de ángeles en mano de un mediador.

(Gá. 3:19)

El plan original de Dios no pretendía escribir su Palabra en los libros, sino más bien en nuestros corazones, ese fue el sueño de Dios, pero la rebelión de Israel provocó que surgiera el régimen escrito, hasta el cumplimiento del Pacto previamente dado a Abraham. Para eso La Palabra debía venir en su naturaleza original de vida, la cual es Jesús, tal y como se le prometió a Abraham, pero a causa del pecado del pueblo Dios le revela a Moisés la sombra de la naturaleza santa de Cristo, descrita en los 10 mandamientos que anteceden a la Ley, estos mandamientos describen el carácter de Jesús, su vida es la luz que revela lo que estaba en la sombra, su naturaleza en nosotros produce la justicia por medio de la fe (Ro. 5:1). De manera que podemos afirmar que la Ley que el Señor está escribiendo en nuestros corazones según Hebreos 8:10 no es más que la vida de Cristo, la cual es la máxima expresión de la justicia divina, y el cumplimiento de la Ley (Ro. 3:21-26; Ro. 10:3-4).

La dispensación de la Ley contiene la verdad escrita en el libro, más el libro no sustituyó, ni erradico la Palabra de Dios, y los mismos hebreos lo sabían, porque Jehová Dios continuaba hablando a sus siervos, a pesar de que tuvieran la Ley escrita.

Por tanto el concepto Palabra era atribuido a la intervención de la voz de Dios por medio de las profecías, las visiones, los sueños, etc. Si estas manifestaciones no estaban presentes la Palabra no fluía en el pueblo.

> *El joven Samuel ministraba a Jehová en presencia de Elí;*
> *y la palabra de Jehová escaseaba en aquellos días;*
> *no había visión con frecuencia.*
>
> (1 S. 3:1)

Como podemos ver, el término *Palabra de Dios* era empleado cuando se hacía referencia a la intervención de la dirección divina. A pesar de que Elí como sumo sacerdote vivía bajo la Ley, eso no le aseguraba que tuviera la Palabra de Dios como directriz en su ministerio.

El régimen escritural en su totalidad fue aceptado como el estilo de vida de aquellas generaciones y el paradigma docente de toda la nación (Sal. 119:1-5), pero jamás como la única fuente para la Palabra de Dios en toda su extensión tal y como queremos imponerlo hoy. Este concepto jamás fue usado para referirse a todo el contenido del Pentateuco u otros escritos inspirados, ya que la Palabra de Dios es el ciclo de revelación, actualización y proyección de la verdad divina en todos los tiempos y en cada hombre, para lo cual es Dios quien escoge, el mensaje, su mensajero y el tipo de manifestación y propósito que la palabra tendrá en esta generación. Por lo cual, la palabra de Dios es el aliento de vida que oxigena, revive y sostiene a cada cultura, porque ha sido dada para alimentar y sustentar al hombre.

No solo de pan vivirá el hombre sino de toda palabra que
sale de la boca de Dios. (Mt.4:4)

Si Dios no está hablando en una dispensación, tales generaciones mueren espiritualmente, porque no existe nada en la tierra que pueda vivificar al ser humano excepto el poder vivo de la palabra que sale de la boca de Dios. Si los hombres dejan de oír lo que Dios está hablando y se conforman solo con lo que Dios ha hablado, es probable que nuestra incapacidad para vivir conectados y actualizados con la fuente de vida genere una cauterización en la conciencia humana, a tal punto que hasta nuestro aparente conocimiento teológico acerca de la Escritura puede limitarnos para movernos en el poder vivo que se desata por medio de la palabra revelada. Esto es así, porque la Escritura es útil si sirve a los propósitos de la Palabra que Dios está manifestando por medio del Espíritu en una generación, tal y como fue de bendición en el curso de la iglesia apostólica, donde los apóstoles supieron poner las profecías escriturales al servicio de la revelación del Reino y la demostración de la llegada del Mesías prometido. Pero si es usada para fabricar teologías, doctrinas y religiones, el resultado final será disímiles de posturas, sectas, denominaciones, instituciones y filosofías, tal y como sucede hoy. Por tanto, el llamado de cada generación es tener acceso a la fuente original de la palabra, es decir, al Espíritu Santo, para que él nos guie a través de la Escritura a fin de que sea usada responsablemente y siendo útil para respaldar lo que Dios está hablando en esta generación. Solo así somos verdaderos ministros del Espíritu.

EL TÉRMINO PALABRA DURANTE EL MINISTERIO DE CRISTO.

Como ya sabemos, Cristo es la Palabra misma hecha carne, él es la luz de todas las cosas prometidas con anterioridad, la sustancia revelada que pone fin a la sombra.

Cristo es la máxima expresión de la Palabra de Dios en identidad y personalidad original, pero el mismo enseñó el estado original en que la palabra de Dios se mueve.

El Espíritu es el que da vida, la carne para nada
aprovecha, las palabras que yo os he hablado son espíritu
y son vida. (Juan.6:63)

Estas y otras enseñanzas bíblicas que veremos a continuación nos aseguran que el único agente sobrenatural que puede producir vida y transformación es el Espíritu Santo. El Espíritu tiene el poder de vivificar aquello que ha estado muerto produciendo vida dentro de él (2Cor.3:6) Tal y como sucedió con nosotros. El libro de Romanos dice que estábamos muertos en delitos y pecados y que el Espíritu nos ha vivificado. (Rom.8:2) Esta vida no es una vida natural, sino espiritual, esa es la misma vida que fluye en el estado original de la Palabra. Jesús aseguró que la Palabra es espíritu y vida, porque la Palabra se mueve en la dimensión del Espíritu.

Solo el Espíritu tiene la capacidad de tomar una información en estado muerto y llevarla a la dimensión espiritual convirtiéndola en Palabra viva. Como ya sabemos la letra permanece en estado inerte por lo que no puede producir vida en sí misma, pero la acción del Espíritu Santo sobre cualquier información puede otorgarle la fuerza y el filo de la Palabra como espada. Esta acción no solo actúa sobre el contenido de las Escrituras, sino también sobre cualquier mensaje que Dios en su providencia decida darnos a través de nuestro entorno, ya sea un cartel, un folleto, un dibujo, una imagen, debemos saber que cuando Dios quiere hablarnos, el toca con su Espíritu las cosas que no tienen vida espiritual y las vivifica a fin de que su contenido o figura actúe como palabra viva para nosotros causando una verdad, un mensaje, una revelación, esto es extraordinario. Dios transmite su palabra únicamente a través de su Espíritu.

La Palabra representa la naturaleza viva de Dios, la cual mora en cada creyente, solo el Espíritu tiene la capacidad de vivificar y transformar las vías que proveen mensajes en palabras divinas, fusionando el mensaje aprendido con la fuerza sobrenatural de la naturaleza de Cristo implantada en cada creyente, luego la predicación de la iglesia expresa el poder sobrenatural de esta extraordinaria fusión.

Durante el ministerio de Cristo, la identidad de la Palabra y la originalidad de la Palabra tomaron curso en la misma dirección, la iglesia no solo comprendió que era la Palabra, sino también quien era la Palabra. Con esta revelación en mente se escribió.

La palabra de Dios es viva y eficaz y más cortante que toda espada de dos filos y penetra hasta partir el alma y el espíritu, las coyunturas y los tuétanos, y discierne los pensamientos y las intenciones del corazón, y no hay cosa creada que no sea manifiesta en su presencia. (Heb.4:12)

Solo alguien que conoce la identidad de la palabra habla de esta manera. Preste atención a los atributos de la Palabra.

1- Está viva.
2- Es eficaz y cortante como espada.
3- Discierne pensamientos e intenciones.
4- Las cosas son manifiestas en su presencia.

Como ya sabemos solo una persona tiene autoridad para tratar con nuestro espíritu, hablamos del Espíritu Santo. Este es el modelo de Dios: *El Espíritu, da testimonio a nuestro espíritu.* (Rom.8:14) Luego vemos que la Palabra puede discernir pensamientos, y medir el corazón de los hombres para saber las intenciones de sus obras, esa es una tarea que solo la puede hacer Dios, así que, la Palabra está viva y tiene personalidad y por si fuera poco termina diciendo: No hay cosa creada que no sea manifiesta en su presencia. Wao, la

Palabra tiene presencia, y no cualquier presencia, sino una donde todas las cosas se desnudan y son manifiestas. Sin lugar a dudas el escritor no estaba describiendo el contenido de las Escrituras. Él hablaba de algo mucho más poderoso, pero lo más sorprendente es que lo dice con exactitud porque termina de la siguiente manera.

> *Y no hay cosa creada que no sea manifiesta en su*
> *presencia, antes bien todas las cosas están desnudas*
> *a los ojos de aquel a quien tenemos que dar cuenta.*
> *(Heb.12:13)*

Definitivamente en la mente del escritor estaba Cristo, su naturaleza en nosotros asegura el poder que se desata por medio de los decretos.

EL TÉRMINO PALABRA PARA LA IGLESIA APOSTÓLICA.

La iglesia apostólica nació bajo una revelación de la Palabra totalmente nueva, esa revelación se basaba en la acción misma de predicar las Palabras de Cristo, traídas a la memoria por la acción del Espíritu Santo, pero sobre todo predicar a Cristo mismo, pues la esencia más relevante de la Palabra de Dios estaba basada en el cumplimiento profético que anunciaba la llegada del Mesías, demostrar esta verdad era el centro de su mensaje. Solo si se demostraba que el Rey había llegado, el Reino tendría sentido para los hombres. De esta forma Cristo es el centro de la predicación de la iglesia que tiene como meta establecer el Reino de Dios. Para el cumplimiento de esta comisión, los creyentes solían usar las Escrituras, con el fin de demostrar la base profética y escritural del contenido de la Palabra enseñada por Cristo y revelada por el Espíritu Santo. La Escritura siempre será útil en sustentar y respaldar a la Palabra, pero la Palabra en si misma representa la revelación y el poder que desata, legaliza y establece el Reino de Dios, porque la Palabra es el mensaje. Los principios escriturales son invaluablemente útiles y sabios, ellos nos brindan argumentos que sustentan la predicación de la Palabra, pero el termino Palabra en su forma descriptiva es exclusivamente la exposición del mensaje.

Un examen del registro escritural del nuevo testamento demuestra que durante el desempeño ministerial de la primera iglesia, el término Palabra fue usado en más de 75 ocasiones en las cartas apostólicas, sin embargo, ninguna de estas referencias sugiere estar hablando de las Escrituras, más el 98 % de estos relatos hacen alusión a la predicación apostólica, basada en la enseñanza de Cristo y en la Palabra de Dios que moraba en cada creyente. Por tanto, podemos afirmar que los creyentes de la primera iglesia manejaban el término *palabra* desde la perspectiva de anunciar a Cristo, el otro 2 % hace alusión a la Palabra creadora y al anuncio de profecías escritas. Pero no existe ningún fundamento escritural ni doctrinal que sustente que el poder trasformador de la Palabra opera detrás de los códigos escritos. Todo lo contrario: en el Nuevo Pacto la alianza con el hombre se sella desde la acción de revelar directamente al hombre la voluntad divina, a fin de que esta experiencia sea el fundamento y la fuente que provee la Palabra de Dios(He. 8:10). El Espíritu usa los tesoros y principios que han sido escritos en cada generación y los vivifica dentro de nosotros para que funcionen en respuesta a la necesidad de nuestra atmosfera y nuestras culturas, es así como se desata la Palabra. Si el Espíritu no actúa en nuestro conocimiento natural de las Escrituras, debido a que nos hemos encerado en interpretaciones tradicionales y nos hemos olvidado de él, nuestras charlas serán muy hermosas y probablemente contengan elementos de la verdad bíblica, pero jamás causaran el efecto transformador de la Palabra, porque la Palabra de Dios es la fuerza vivificada por el Espíritu Santo dentro de cada creyente que al ser predicada, expresada, anunciada y decretada causa una conmoción, trasformación y activación de lo sobrenatural de Dios.

Jamás olvides esto, la Palabra de Dios que se manifiesta en la tierra tiene dos atributos necesarios para que sea completa, el primero es naturaleza viva, esa naturaleza es Cristo en nosotros, luego es necesario el mensaje al que esta naturaleza le otorgará poder para cambiar las cosas. La naturaleza viva de la Palabra no se encuentra en ninguna parte del universo excepto dentro de nosotros, pero el mensaje que será vivificado puede proceder de diferentes fuentes, ya sabemos que las Escrituras son el canal por excelencia, ya que su contenido es incalculablemente valioso; pero también es cierto que el Espíritu Santo puede usar vías para la Palabra que no proceden de las Escrituras, como hicimos alusión anteriormente, en ocasiones sentimos que el anuncio de un letrero, o la frase de alguien cerca de nosotros causa una revelación extraordinaria que cuando la decretamos nuestra atmosfera cambia radicalmente, eso es debido a que el Espíritu tomo el mensaje y lo fusiono con la naturaleza viva de la Palabra que mora dentro de ti y se formó un decreto divino con la fuerza suficiente para cambiar las cosas, eso es la Palabra de Dios.

A finales del año 2009 recibí una palabra del Espíritu que trajo vida a todo mi ser. Jamás olvido esa experiencia, lo más extraordinario fue la forma en la que el Espíritu Santo desató la palabra dentro de mí. Recuerdo que viajaba en una pequeña ban mientras miraba por la ventana el hermoso paisaje de granadillos, una provincia al oriente de mi país. De repente la hermosa vista fue interrumpida por un muro pintado de blanco que atravesaba la ciudad, en el cual estaba escrito en letras verdes y muy grandes la frase "SIEMBRA MI SEMILLA". Esta frase hacia anuncio a un pequeño establecimiento donde vendían plantas y semillas de diversas especies, pero aquellas palabras no fueron casuales para mi mente, porque al leerlas el Espíritu de Dios golpeó mi espíritu de tal forma que en los próximos días mi vida jamás volvió a ser la misma. Aquellas sencillas palabras fueron el detonador que abrió una brecha dentro de mí para que el Espíritu Santo comenzara a sembrar muchas de las enseñanzas que hoy les trasmito en este libro. De esta misma forma usted puede hablar la palabra a su circunstancia, a su escases, a su enfermedad, a su depresión, porque la palabra no está límitada, ella puede tocar su vida y cambiar su realidad por medio de los canales que menos esperamos.

La iglesia apostólica practicaba la Palabra de Dios
en su estado original según el pacto establecido,
solo así Pedro pudo decir:
No tengo oro ni palabra, pero lo que tengo te doy, en el
nombre de Jesús de Nazaret levántate y anda. (Hch.3:6)

La predicación era la forma de extender la Palabra y el oír el mensaje dirigido y administrado por el Espíritu Santo representaba la vía inerrante para que la Palabra de Dios morara en el hombre.

Podemos afirmar que ningún creyente, ningún líder, ningún apóstol que estuvo cerca de Jesús se atrevió a distorsionar la enseñanza del maestro. Todos sabían que la Ley fue aquella primera forma en la que Dios habló a Israel y les trató de enseñar la justicia, pero sabían también que Jesús era la sustancia misma de toda la verdad, y que solo él estaba autorizado por el Padre para revelar la Palabra divina a la iglesia presente. Por tanto, sabían que el régimen había cambiado, que la justicia estaba viva y que la Palabra era solo Jesús y aquello que hablaran por la revelación del Espíritu Santo.

Estas sencillas pero imprescindibles verdades, son las que ignoraron los primeros investigadores, los cuales siendo muy entendidos en muchas otras cosas, fallaron, siendo necios en lo más importante: La dependencia del Espíritu de verdad. *Y si alguno no tiene el Espíritu de Cristo, no es de él* (Ro. 8:9).

Este libro no alcanzaría para referirnos a todos los mitos y tradiciones religiosas que surgieron luego de aquella represión teológica que condena todo lo revelado por el Espíritu en la vida del creyente actual. La iglesia tradicional milita bajo muchos patrones y principios que no pertenecen a la vida y realidad del Nuevo Pacto establecido por medio de Cristo, sino que proceden de las costumbres antiguas que se desarrollaron bajo el sacerdocio aarónico. La iglesia de Cristo, la cual es su cuerpo, tiene legalidad aprobada y sellada en el Nuevo Pacto para estar conectada directamente con la cabeza, la cual es Cristo y esa conexión procede de la revelación del Espíritu Santo. Este es el estado original y legal para el fluir de la Palabra en el cuerpo de Cristo, y ninguna otra opinión o teología humana puede estar por encima de este diseño inviolable de Dios. Las Escrituras mismas confirman que únicamente el Espíritu Santo puede ser la fuente original de la Palabra viva.

Nadie os prive de vuestro premio, afectando humildad
y culto a los ángeles, entremetiéndose
en lo que no ha visto, vanamente hinchado
por su propia mente carnal,
y no asiéndose de la Cabeza,
en virtud de quien todo el cuerpo,
nutriéndose y uniéndose por las coyunturas
y ligamentos, crece con el crecimiento que da Dios.
(Col. 2:18-19)

Solo cuando estamos conectados con Cristo por medio del Espíritu Santo, es que la vida, el crecimiento y el poder de Dios se manifiestan en el creyente. Solo de esta forma nos asimos a la cabeza y solo así la Palabra mora en nosotros.

La palabra de Cristo more en abundancia en vosotros.
(Col. 3:16)

El principal reto de la iglesia actual es arrepentirse de su carnalidad y rendirse al Espíritu Santo, solo así podrán asirse de la cabeza que es Cristo. Cuando la iglesia entienda que regresar a Cristo es la única forma de vivir en la verdad, el gobierno divino se manifestara en medio de los santos y los reinos de la tierra comprenderán que no hay autoridad más grande que la del Señor que gobierna en la iglesia. Entonces se cumplirá:

> *Para que en el nombre de Jesús se doble toda rodilla*
> *de los que están en los cielos y en la tierra y debajo*
> *de la tierra; y toda lengua confiese que Jesucristo es el*
> *Señor, para gloria de Dios Padre.*
>
> (Fil. 2:10-11)

Cuando decimos Jesús es la cabeza, cuando confesamos que él es la Palabra que rige la iglesia, cuando nos unimos a él y vivimos por su dirección, estamos honrando al Padre, porque fue el Padre quien estableció este diseño hasta el fin de los días.

Este es mi Hijo amado; a él oíd

Si has recibido esto en tu espíritu, estás listo para caminar en la próxima dimensión de autoridad y poder, en la que los hijos del Reino se van a manifestar para revelar en la tierra el conocimiento pleno de la gloria del Señor.

SEGUNDA PARTE

PRINCIPIOS
QUE OPERAN EN EL PODER DE LA
PALABRA

Solo los principios espirituales revelados por el Espíritu desatan el poder de la naturaleza implantada en cada creyente

CAPÍTULO 9

EL **PRINCIPIO** DE LA **OBEDIENCIA**

Ciertamente el obedecer es mejor que los sacrificios,
y el prestar atención, que la grosura de los carneros.
(1 S. 15:22)

La obediencia demorada... es desobediencia.

La obediencia incuestionable a la Palabra de Dios es la vía más eficaz para desatar el poder vivo de los decretos divinos. La palabra obediencia en latín: *ob-audire*, literalmente significa "el que escucha en la misma acción de obedecer". Esto indica un proceso continuo entre el oír con atención y la acción de llevar a la práctica lo que se ha recibido por medio de una orden. La obediencia implica la subordinación de la voluntad ante una autoridad, para acatar, cumplir demandas, o abstenerse de cosas prohibidas. Los términos para referirse a la obediencia en el idioma griego, usado en las Escrituras neotestamentarias son *akouo*=oír, *jupakouo*=escuchar, y otros con la misma intención. Como podemos ver, el término obedecer no hace distinción entre la capacidad de escuchar la orden y la acción de llevarla a la práctica, es decir, no existe una forma original de interpretar la obediencia como la libertad de juzgar lo que se ordena para someterlo a un análisis, a fin de decidir si es posible acatar la orden o no. El término *obedecer* es aplicable a la disponibilidad del soldado que acata las órdenes superiores sin cuestionar las consecuencias.

Una de las características indispensables para la obediencia es el prestar mucha atención a lo que se dice: *el obedecer es mejor que los sacrificios, y el prestar atención, que la grosura de los carneros.* El análisis posterior a la orden recibida es inadecuado, la meditación sobre los decretos divinos interrumpe el verdadero proceso fluido de la obediencia, el cual no puede ser interceptado por el razonamiento, de suceder así ya no es obediencia a Dios, sino persuasión humana. Es decir: No estamos haciendo lo que Dios dijo, sino lo que creemos que Dios dijo, o lo que decidimos aprobar acerca de lo que Dios dijo. Prestar atención a la Palabra es todo lo que necesitamos. Cuando Dios habla es nuestro espíritu quien recibe su Palabra, pero nuestra mente participa en el almacenamiento de las ordenanzas divinas. El obedecer está relacionado con el uso de la mente como recipiente de almacenamiento, pero no como agente razonador. Si nuestra razón interviene, la Palabra recibida corre el riesgo de mezclarse con nuestros cleros, costumbres, paradigmas, doctrinas, posturas denominacionales y teológicas, eso sin contar que podemos asociarla con nuestros deseos, anhelos, y conveniencias personales. Al concluir este proceso la Palabra recibida no será más que un residuo de algo que fue divino, la cual convertimos en una joya religiosa, decorada de atuendos humanos.

El error de Saúl en una generación desechada

Este fue el error del rey Saúl, quien escuchó la Palabra de Dios pero luego la interpretó como quiso, y decidió obedecer a su manera, lo cual es literalmente desobedecer. El castigo de Saúl fue terrible, a mi entender, es preferible el enojo de Dios exigiendo arrepentimiento, que su ignorancia hacia nosotros. Si Dios nos amonesta y nos pide arrepentirnos, podemos decir que todavía hay esperanza, pero si el Señor solo nos da la espalda y nos ignora, simplemente estamos perdidos y ya no hay remedio para nosotros. Esto fue lo que le sucedió a Saúl, Samuel le dijo: *Dios te ha desechado como rey* (1S.15:26). Este es el resultado de la desobediencia, o lo que muchos consideran una obediencia meditada, razonada, interpretada, calculada, mejorada y aplicada. ¡CUIDADO! Esto puede provocar que Dios nos voltee su espalda. Cuando tratamos de darle una mejor interpretación a la Palabra de Dios, simplemente estamos dando por sentado que podemos ser más claros y eficaces que él.

Hoy una generación muy parecida a Saúl está tratando de mantener su reinado sobre la iglesia. A esta especie de líderes aferrados al poder no les interesa lo que Dios está hablando, porque ellos han aprendido cómo darle la vuelta interpretativa, teológica y exegética para que concuerde con las tradiciones que ya ellos decidieron aprobar hace muchos años, de manera que sus grandes retos teológicos no son el descubrimiento de la verdad, porque ya creen tenerla, sino que se concentran en reforzar sus postulados y entrenar a sus pupilos para que los defiendan.

Para esta generación, obedecer es filtrar por esa espesa niebla de tradiciones todo cuanto creen que Dios puede estar hablando y aquello que logre salir ileso de su profundo análisis lo reciben como aprobado, más todo lo demás es rechazado y juzgado como falsa doctrina. Son estos mimos los que violan la enseñanza apostólica transmitida por medio de Pedro, la cual dice:

> *Entendiendo primero esto, que ninguna profecía*
> *de la Escritura es de interpretación privada.*
>
> (2 P. 1:20)

Esta enseñanza no significa que ningún hombre pueda tener revelación sobre una profecía escrita, pero sí rechaza la posibilidad de que el significado de la Palabra profética sea por medio de la interpretación y mecanismos para investigar textos, es decir, esfuerzo humano. El hecho de reservar la interpretación profética a la revelación sobrenatural nos hace dependientes del Espíritu Santo, sin embargo, cada postura denominacional y teológica de hoy tiene sus propios materiales de interpretación profética, cada una da su propia postura acerca de los eventos finales narrados en Daniel, Apocalipsis y otros libros proféticos. Esta generación de hombres, consideran que sus estudios hermenéuticos sobre las profecías bíblicas son más confiables que la revelación del Espíritu en la vida de cada creyente, para hacerle consciente de la verdad dicha por medio de los profetas. Definitivamente, estas son sus condiciones para obedecer a la verdad: solo cuando lo que Dios dice ha sido filtrado por su teología y refinado por sus interpretaciones puede venir a formar parte de sus concepciones y postulados, pero como ya sabemos, esto no es obediencia a Dios, sino persuasión humana. No me sorprendería que el Espíritu de Dios dejara estas casas y fuera a lo intrincado del campo para buscar gente sencilla, como David, sin tanta información en sus mentes, pero con corazones dispuestos a obedecer a Dios sin cuestionar su Palabra.

Un ejemplo muy parecido se encuentra en el libro del profeta Jeremías. Todos los oficiales del palacio, junto al pueblo, vinieron y dijeron al profeta:

Jehová sea entre nosotros testigo de la verdad
y de la lealtad, sino hiciéremos conforme a todo
aquello para la lo cual Jehová tu Dios te enviare
a nosotros.
Sea bueno, sea malo, a la voz de Jehová nuestro Dios
al cual te enviamos, obedeceremos, para que obedeciendo
a la voz de Jehová nuestro Dios nos vaya bien.
(Jr. 42:5-6)

Al escuchar estas palabras nos parece a simple vista que estamos frente a unos oficiales del Reino bien enfocados y sometidos a la voluntad soberana de Dios, pero una vez que

Jeremías el profeta dice lo que el Señor ha establecido, se produce otra reacción totalmente diferente. Leámosla:

> *Aconteció que cuando Jeremías acabó de hablar [...]*
> *todas las palabras de Jehová [...], dijo Azarías,*
> *hijo de Carea, y Johanán, hijo de Osaías,*
> *y todos los varones soberbios dijeron a Jeremías:*
> *Mentira dices; no te ha enviado Jehová nuestro Dios.*
>
> (Jr. 43:1-2)

Esta reacción nos permite notar que detrás de las primeras palabras obraba la naturaleza del hombre que ha dejado de creer en la verdad. Ellos habían prometido someterse a lo que Dios dijera por medio de Jeremías, pero tenían la esperanza de que las palabras de Dios concordaran con aquello que ya habían decidido aprobar con antelación, mas al ver que la Palabra de Dios era contraria a sus razonamientos, no pudieron hacer más que acusar a Jeremías de falso profeta, y a sus palabras de manipulación y traición a la corona. Esto es muy común que suceda, cuando la religión no tiene argumentos para a atacar el mensaje, atacan a la persona y buscan desacreditarlo, a fin de restar importancia a lo que predica.

Esta es la razón por la que Dios ya no habla en medio de esta generación obstinada, sino que volteando su espalda, busca otra más sencilla que desee hacer su voluntad sin cuestionar sus Palabras.

El encantamiento que estorba a la obediencia

El razonamiento humano es un estorbo para la obediencia, porque detiene el fluir genuino del escuchar y obedecer, pero existe un estorbo mucho más terrible que el humanismo, y fue el que apagó la vida del espíritu en la iglesia de los Gálatas y les llevó a la desobediencia de la verdad de Dios.

> *¡Oh, gálatas insensatos! ¿Quién os fascinó*
> *para no obedecer a la verdad?*
>
> (Gál. 3:1)

El apóstol Pablo presenta el estorbo a la obediencia con el término *fascinó*, que literalmente significa "encanto, embrujo, seducción". Esto lo hizo refiriéndose específicamente a la religión judía, la cual algunos querían anteponer a la revelación actualizada de la verdad por medio de Cristo. El apóstol presentó el estorbo religioso como un encantamiento de la conciencia humana, como la capacidad de embrujar al hombre dibujándole una apariencia de piedad y convenciéndole de seguir ese camino.

El razonamiento humano, puede ser contrarrestado por medio de la manifestación de la verdad de Dios, ante la cual el hombre es convencido de justicia, pecado y juicio por medio de la obra del Espíritu, pero la tradición religiosa es mucho más peligrosa, porque se disfraza de la verdad misma y entorpece la capacidad espiritual para reconocer la Palabra de Dios. Esto se logra una vez que la tradición ha sido colocada como el filtro mediante el cual se juzga todo lo que Dios está hablando.

Para que el hombre se conserve en obediencia a Dios necesita librarse de toda atadura religiosa que le estorba en su relación personal con el Espíritu Santo, antes bien, debe tener en Dios, su máxima fuente de dirección y corrección. El apóstol Pablo presento la obediencia bajo el mismo principio de todas sus fuentes originales, las cuales revelan la obediencia como la capacidad de oír y hacer.

> *Esto solo quiero saber de vosotros: ¿Recibisteis el Espíritu*
> *por las obras de la ley, o por el oír con fe? ¿Tan necios*
> *sois? ¿Habiendo comenzado por el Espíritu, ahora vais a*
> *acabar por la carne? [...] Aquel, pues, que os suministra*
> *el Espíritu, y hace maravillas entre vosotros,*
> *¿lo hace por las obras de la ley, o por el oír con fe?*
>
> (Gál. 3:2-5)

Como podemos ver, todo comienza por la necesidad de obedecer y culmina enfatizando la prioridad de oír, pero oír con fe, pues la fe es la capacidad de poner en acción la Palabra recibida. La misma Palabra tiene la capacidad de producir fe (Ro. 10:17) para que la obediencia sea manifiesta en nosotros, y pongamos por obra la voluntad de Dios.

La Palabra de Dios produce fe al entrar en el espíritu del hombre, una vez que ha sido escuchada, pero si al ser oída tropieza con argumentos religiosos, la Palabra no produce fe, y mucho menos obediencia, sino que es estorbada por las tradiciones que terminan convirtiéndola en residuo u objeto de la manipulación humana.

Por tanto, la vida del Espíritu enseñada por Pablo a esta iglesia de los Gálatas, es la única salida para conservar la obediencia incondicional a la Palabra. Una vez que la iglesia ha decidido emigrar a las costumbres y fábulas viejas de las tradiciones humanas, la obediencia a Dios es manipulada y convertida en lealtad a las organizaciones religiosas.

El encantamiento o embrujo más peligroso que estorba la obediencia a Dios es indiscutiblemente las tradiciones religiosas, que esconden al hombre tras una capa muy gruesa, donde la Palabra viva no penetra en su estado original, sino que llega tras ser analizada, interpretada, aplicada y muy estudiada. Luego es usada para apoyar la misma tradición que no hace más que obedecerse a sí misma, pero jamás obedecer la voluntad íntegra de Dios.

Destruyendo los obstáculos a la obediencia

El propósito de la Palabra de Dios es entrar en lo más profundo de nuestro ser, para traer luz en su revelación y vida en su manifestación. Una vez que la luz de la Palabra viva ha tocado cualquier área de nuestro ser, todas las tinieblas se retiran y queda expuesta nuestra necesidad, solo así estaremos conscientes de la obra que Dios hace en cada uno de nosotros.

En la segunda carta del apóstol Pablo a la iglesia de Corinto, podemos encontrar una exhortación a la obediencia que nos permite comprender la forma en que pueden derribarse los obstáculos que frenan la influencia de la Palabra en la vida del creyente. Esos obstáculos son llamados: Fortalezas.

Porque las armas de nuestra milicia no son carnales,
sino poderosas en Dios para la destrucción de fortalezas,
derribando argumentos y toda altivez que se levanta
contra el conocimiento de Dios, y llevando cautivo
todo pensamiento a la **obediencia a Cristo***.*

(2 Co. 10:4)

Una fortaleza es una pared amurallada y reforzada para evitar el paso hacia el interior de los muros y proteger un área determinada. Las fortalezas mentales están formadas por esquemas paradigmáticos que se levantan como murallas de argumentos alrededor de costumbres, tradiciones, fábulas, religiones y patrones humanos. Cuando la Palabra de Dios se rebela alrededor de nosotros, ya sea por medio de la predicación del Reino, la Palabra de un profeta o la enseñanza de un Maestro ungido y actualizado por el Espíritu Santo, esas fortalezas que están en la mente del hombre se activan para resistir a la verdad. Los argumentos que los esquemas mentales humanistas o religiosos pueden generar son incontables, cada uno está diseñado para resistir a la verdad y proteger la tradición o el paradigma de comportamiento del hombre. La batalla de Dios no es ideológica, ni filosófica; es espiritual, y la confrontación está basada en la gracia y el poder, *porque las armas de nuestra milicia no son carnales* (2 Co. 10:4). De manera que la verdad no se encuentra, ni se demuestra por medio de estudios o interpretaciones humanas, sino únicamente por la influencia del Espíritu de Dios y la Palabra que brota de él. Esa Palabra nos conduce al entendimiento de la verdad divina.

Pero cuando venga el espíritu de verdad, él os guiará a toda la verdad (Jn. 16:13). Luego, los estudios e interpretaciones humanas, pueden llegar a representar una de las tantas fortalezas que se levantarán para resistir lo que Dios está hablando a su pueblo, si estos no proceden de la gracia y el favor de Dios.

La actitud correcta que produce obediencia a la Palabra es la rendición y la renuncia a toda altivez humana que pretende sostener sus argumentos por encima del conocimiento de Dios, el cual está más allá de todo, y el que únicamente nos es revelado por medio del Espíritu (Ef. 1:17). Una vez que el hombre se ha rendido a Dios, la Palabra divina toma cautivo todo pensamiento humano y lo somete ante la inmensurable sabiduría de Dios. Este es el único estado que propicia la obediencia. Cuando estamos demasiado cargados de información tradicional o humana debemos asegurarnos de que ese escombro no se interponga a la hora de recibir la Palabra de Dios. Siempre que la instrucción del hombre le sea estorbo para ser como un niño ante Dios y seguir su Palabra sin reproche, tal hombre necesita nacer de nuevo, lo cual no es más que renunciar a todo lo que sabe y nacer del agua y del Espíritu (Jn. 3:5), del agua, que es la Palabra que Dios está hablando, la cual nos limpia de todo lo viejo (Jn. 15:3), y del Espíritu, quien es el único que nos mantiene conectados a la fuente original: Dios.

> *Y se entregó a sí mismo por ella, para santificarla,*
> *habiéndola purificado en el lavamiento del agua*
> *por la palabra.*
>
> (Ef. 5:26)

La primera acción antes de la revelación es el lavamiento. Si la Palabra viva no limpia nuestro razonamiento liberándolo de toda tradición, la revelación del Espíritu no corre de forma fluida por el interior del hombre. Si lo que conocemos se interpone a la revelación del Espíritu, nuestras fortalezas mentales resistirán la verdad de Dios y nos ataran de manera perpetua al engaño. Solo la obediencia a la verdad purifica el alma del hombre y la libera de toda influencia humana, religiosa o diabólica.

> *Habiendo purificado vuestras almas por la obediencia*
> *a la verdad, mediante el Espíritu.*
>
> (1 P. 1:22)

Por tanto, nuestro razonamiento debe rendirse a la verdad revelada por el Espíritu, solo así serán desestimados los obstáculos que frenan la obediencia a la voluntad divina a fin de fluir en el poder soberano del Reino de los cielos.

PRINCIPIOS DE OBEDIENCIA.

Una vez que estamos dispuestos a obedecer a Dios, debemos comprender los principios claves que definen nuestra capacidad o disponibilidad a la voluntad divina.

Seguramente podríamos mencionar una lista de actitudes que nos ayudarán a fluir en la obediencia perfecta, pero entiendo que existen dos principios indispensables que nos facilitaran el entender nuestra sujeción a Dios.

El primero podemos ilustrarlo a través de las palabras del escritor del libro a los hebreos.

> *Y aunque era Hijo, por lo que padeció*
> *aprendió la obediencia.*
>
> (He. 5:8)

El padecimiento del Señor no le enseñó a ser obediente, sino que le mostró el verdadero significado de la obediencia. Jesús fue obediente antes de padecer, pero solo el sufrimiento que se produjo a causa de su actitud reverente le reveló el verdadero sentido de someterse al Padre.

Este es un principio que jamás debemos olvidar. Dios no está interesado en nuestras ideas, acerca de cómo honrarle, él quiere que hagamos justo lo que él nos pide, aunque eso atente directamente contra nuestra aparente reputación humana.

Cabe preguntarnos, ¿Cuántas personas han dado su vida por defender tradiciones humanas? ¿Cuántos se han inmolado por causa de sus religiones? Esos sacrificios no conmueven a Dios, solo la obediencia incondicional a la verdad nos enseña el verdadero sentido del padecimiento: *el obedecer es mejor que los sacrificios.* Si lo que padecemos procede de seguir la voluntad de Dios, nuestro sacrificio producirá olor fragante ante su trono celestial, aunque en este mundo nos tengan por locos y herejes. Pero si nuestro sufrimiento es a causa de aferrarnos a nuestras costumbres y no la voluntad revelada del Padre, nuestro sacrificio será en vano, aunque en esta tierra sea recordado como un acto heroico.

Un día en la presencia del Padre toda obra vana será descubierta, solo ese día sabremos cuáles de los tantos sacrificios que hoy veneramos fueron el resultado de obedecer la dirección de Dios o simplemente de aferrarnos a nuestras costumbres y tradiciones.

Seguir la voluntad de Dios muchas veces nos coloca en el blanco de la crítica religiosa, pero frecuentemente nos convierte en el canal mediante el cual el Señor traerá restauración a su pueblo. Dios no está buscando gente perfecta, solo gente obediente, porque la obediencia es el único canal que permite que la voluntad de Dios fluya sin ser interceptada por el análisis humano.

El segundo principio podemos encontrarlo en las palabras del apóstol Pedro en el libro de los Hechos.

Respondiendo Pedro y los apóstoles, dijeron:
Es necesario obedecer a Dios antes que a los hombres.
(Hch. 5:29)

Es cierto que Dios ha establecido autoridades sobre los hombres, a las cuales debemos honra, pero esa dimensión de obediencia jamás puede ser superior a la dirección divina. Nuestra primera responsabilidad en cuanto a sometimiento es hacia Dios, luego debemos honra y respeto a quienes el Señor ha puesto para ministrar en su cuerpo; pero cuando este liderazgo se ha desviado de la voluntad de Dios, y nos exige que hagamos lo mismo, nuestra lealtad hacia Dios nos demanda tomar el camino de la verdad, aunque eso represente ser desechados, azotados y difamados.

Jamás las demandas religiosas o los preceptos y mandamientos humanos, podrán estar por encima de la voluntad y la guianza soberana de Dios, por tanto debemos tener el sumo cuidado de no tomar estas posturas como los filtros mediante los cuales cuestionamos la Palabra de Dios. Dios debe ser primero, su voz está en primer lugar, su Espíritu es el único agente aprobado para transmitir la verdad inquebrantable, luego este fundamento espiritual está calificado para juzgar las ideas o propuestas humanas.

El espiritual juzga todas las cosas;
pero él no es juzgado de nadie.

(1 Co. 2:15)

Estos principios sencillos nos ayudan a comprender la naturaleza de la obediencia a Dios. La obediencia es la vía más eficaz para comunicar la Palabra de poder y para desatar los decretos divinos. Solo cuando la voz del Espíritu Santo es nuestro más preciado tesoro, la Palabra de Dios fluye a través de nosotros con asombrosa fuerza y poder.

CAPÍTULO 10

EL **PRINCIPIO** DE LA **SOBERANÍA**

Y ellos, habiéndolo oído, alzaron unánimes la voz
a Dios, y dijeron: Soberano Señor, tú eres el Dios
que hiciste el cielo y la tierra, el mar y todo
lo que en ellos hay.

(Hch. 4:24)

Cuando hubieren orado,
el lugar en que estaban congregados tembló;
y todos fueron llenos del Espíritu Santo.

(Hch. 4:31)

Demasiadas personas dicen creer que Dios tiene la
última palabra, pero muy pocos están lo suficientemente
sometidos a él, como para escucharla y obedecerla.

Cuando nuestras vidas se mueven en el principio de la soberanía, es decir, en la rendición y sometimiento absoluto de las decisiones divinas, el resultado es un respaldo sobrenatural de Dios en todo lo que hacemos, porque no estamos comprometidos con nuestros propios sueños, sino más bien con los intereses de Dios. Cuando los poderes humanos intentan confrontar la autoridad de los hombres del Reino se desencadena una batalla espiritual donde la soberanía de Dios termina manifestando un terremoto de favor y respaldo divino sobre sus hijos.

El inicio de la iglesia apostólica del primer siglo fue testigo de esta confrontación; por un lado estaba el gobierno religioso que poseía recursos, economía, posición política y social y por otro, el apoyo militar del imperio en ocupación. Con dichas armas se lanzaron a capturar a los creyentes que osaban predicar el evangelio de Jesucristo, a los que presionaban, maltrataban, intimidaban y ordenaban que no hablasen más en nombre de Jesús o, de lo contrario, enfrentarían su mismo destino: la muerte.

Al instante los creyentes captaron el inminente peligro en que se encontraban, sabían que estos fríos y obstinados religiosos no dudarían en cumplir sus amenazas, pues si ya lo habían hecho al Señor de gloria, cuánto más lo harían a sus siervos. Fue entonces que se reunieron los apóstoles para consultar a Dios. El desenlace final de la oración que hicieron por este asunto fue un derramamiento glorioso del Espíritu Santo, y un respaldo sobrenatural del poder de Dios a la predicación apostólica.

Este es el destino que nos espera si honramos la soberanía de Dios, si nos rendimos a su voluntad y hacemos de su propósito el centro de nuestras vidas, pero si nos encerramos en nuestros propios planes y nos olvidamos de lo que Dios realmente quiere caeremos en la trampa del activismo que en ocasiones se disfraza de sometimiento y sacrificio, pero no es más que un torrente de adrenalina y esfuerzo religioso, dedicado a aquello que nos suele parecer correcto.

SOMETIMIENTO FINGIDO

El jefe de la empresa indica al encargado de mantenimiento que pinte una de las paredes del pasillo principal, pero el trabajador en su afán por cumplir con urgencia su deber, no se detiene a escuchar específicamente de qué pared está hablando el jefe. Mientras sale a buscar sus implementos, piensa que será fácil saber de qué pared se trata, solo basta con llegar al pasillo principal y determinar a simple vista la que más necesidad de pintura tenga. El trabajador comienza su labor, todo aquel que pasaba se admiraba de la técnica, la dedicación y la entrega que aquel pintor ofrendaba a su trabajo, otros pintores también se detuvieron a observar la precisión de sus trazos y en un tiempo sorprendente, pinta con meticulosa curiosidad toda la pared. Al mediodía, el jefe decide inspeccionar el trabajo del pintor, y al llegar mira seriamente a su empleado y le dice: "Lo lamento, pero todo está mal". "¿Cómo? —replica el trabajador—, ¿cómo puede estar mal si he usado la pintura correcta, la técnica correcta, el vestuario correcto?". "Sí —interrumpe el jefe— pero usaste la pared incorrecta". "No puede ser —dice el desconcertado empleado—, pinté la que me pareció más necesitada". "Error —responde el jefe— usted pone la pintura y yo soy quien dice cuál es la pared indicada".

Gastar esfuerzos y años en hacer lo que nos parece
correcto, no significa que hacemos lo correcto.

Durante horas el pintor trabajó incesantemente como si en verdad estuviera sometido a las órdenes de su jefe, pero en realidad su afán y dedicación se apoyaban en que pintaba la pared que a él le parecía correcta, eso le impulsó en su tarea, porque en muchas ocasiones, lo que nos gusta hacer o lo que queremos hacer, nos produce más satisfacción que aquello que debemos hacer. El sometimiento es el compromiso con aquello que ha sido establecido por Dios, aunque no concuerde con nuestros deseos, pero cuando hemos cambiado la voluntad de Dios por la nuestra, por más que nos esforcemos y trabajemos, nuestro sometimiento es irreal, porque no responde a los intereses de Dios.

Mucha gente cree que es injusto traer una restauración para cambiar posturas y diseños en la iglesia debido a que se han hecho así por cientos de años. ¿Por qué hasta hoy Dios no había intervenido? ¿Por qué permitió que la iglesia se desviara? Todas estas preguntas son las justificaciones de muchos que prefieren seguir abrazando el desvío de la iglesia y se resisten a rendirse a lo nuevo de Dios, que no es más que un retorno a lo que es primero.

Seguramente los fariseos que presenciaron el ministerio de Cristo se hacían las mismas preguntas. ¿Por qué debemos creer que este Jesús es mayor que nuestros ancianos? ¿Por qué debemos creer que después de tantos años de construirnos una tradición debemos abandonarla porque él dice que no es correcta? Es el mismo caso de hoy, solo los que son de la verdad disciernen los tiempos de Dios y saben cuándo moverse hacia su voluntad perfecta.

Estas posturas y tradiciones religiosas han calado tanto en la identidad de la iglesia que se han convertido en el centro de su defensa y protección, por lo que el nivel de compromiso de los creyentes está más concentrado en hacer valer sus tradiciones, antes que en obedecer la voluntad directa de Dios. Así también sucede con la defensa de la doctrina. Cada denominación o concilio desarrolla su propia forma de defender sus postulados, estableciendo maestros que se concentran en argumentar lo que creen, pues los retos teológicos de hoy están más dedicados a hacer prevalecer lo que ya creemos, que en descubrir la verdad de Dios.

A esto llamamos: sometimiento fingido, en realidad la iglesia está sometida, dedicada y concentrada, pero solo en aquello que ya sus padres tradicionales aprobaron y establecieron y no les interesa comprobar si Dios está de acuerdo o no, o si desea hacerlo de forma diferente. Esta actitud es terriblemente peligrosa porque hace creer al hombre que se esfuerza en obedecer a Dios, cuando en realidad es un esclavo de sus propias tradiciones, las cuales han invalidado el poder de la Palabra de Dios en sus corazones (Mr.7:13).

Esta actitud es una ofensa a la soberanía de Dios, ya que Dios es juzgado a través de la tradición, porque el hombre religioso solo acepta aquello que viene de Dios si honra su tradición, pero si la ofende Dios es desechado y juzgado como falso, así que Dios es puesto en segundo lugar, y la tradición se convierte en un foco de juicio soberano que decide qué es correcto y qué no lo es.

Manifestación de la soberanía divina en las Escrituras

La soberanía divina es la manifestación de la autoridad suprema de Dios en cualquier circunstancia, donde Dios da a conocer su verdadero dominio como Rey, nada en este mundo está facultado para juzgarlo ni rechazarlo.

En las Escrituras se registran algunos episodios donde la soberanía de Dios se manifiesta y no admite ser juzgada ni detenida por nada, ni siquiera por argumentos basados en las mismas Escrituras. Debo aclarar que las Escrituras representan la guía de formación en la conducta y la fe de todo creyente, pero su autoridad no sobrepasa los decretos soberanos de Dios. Aunque es cierto que Dios no actúa generalmente en dirección opuesta de lo que está escrito, es también real que en algunos casos como los que veremos a continuación, las órdenes de Dios parecen sobrepasar lo que está escrito, estas fueron obedecidas sin reproche alguno.

Y Jehová dijo a Moisés: Hazte una serpiente ardiente, y ponla sobre un asta; y cualquiera que fuere mordido y mirare a ella, vivirá.

(Nm. 21:8)

La respuesta de Dios a la petición de Moisés de tener misericordia del pueblo de Israel que perecía a causa de las mordidas de las serpientes es muy sorprendente, porque aparentemente va en contra de lo establecido en el Monte Sinaí.

No te harás imagen, ni ninguna semejanza de lo que esté arriba en el cielo, ni abajo en la tierra, ni en las aguas debajo de la tierra.

(Ex. 20:4)

¿Cómo justificaría Moisés delante del pueblo el levantar una serpiente como figura de la misericordia de Dios con Israel, cuando este acto pudiera atentar directamente contra el mandamiento de Dios? Es sencillo; cuando tu relación con Dios depende exclusivamente de lo que el libro dice de él, no tienes nada más que eso, pero cuando le conoces personalmente y sabes que es él quien te habla, respetas y obedeces su soberanía entendiendo que su Palabra está por encima de todo, y nada ni nadie tiene autoridad para juzgar su voluntad.

Las mismas Escrituras no testifican que la manera en que reconocemos la voz de Dios es debido a que es analizada o comparada con ella, sino más bien por el resultado de haberle conocido personalmente, y haber oído su voz dentro de nosotros.

Mis ovejas oyen mi voz, y yo las conozco, y me siguen,
y yo les doy vida eterna; y no perecerán jamás.
(Jn. 10: 27-28)

Las ovejas no necesitan consultar en un manual cuándo el pastor les ha hablado, porque ellas tienen la capacidad de escuchar y reconocer la voz de su Señor.

Moisés sabía quién era Dios, sabía que si el habla en los cielos, nada ni nadie tiene autoridad en la tierra para resistir su voluntad.

Otro ejemplo es el caso del profeta Ezequiel:

Y me respondió: He aquí te permito usar estiércol de
bueyes en lugar de excremento humano, para cocer tu pan.
(Ez. 4:15)

En este caso el profeta Ezequiel se espanta cuando oye a Dios mandarle a comer lo que la ley llamaba inmundo (Ez. 4:14), porque estaba escrito que ninguna cosa inmunda podía entrar en su boca (Lv. 7:19), es entonces que Dios usa una frase aún más soberana:

Y me respondió: HE AQUÍ TE PERMITO...

¿Es acaso correcto que Dios permita que se haga algo que no armonice con las ordenanzas escritas? Por supuesto que esto no es un patrón ni una doctrina. No podemos hacer de esto una enseñanza establecida, pero el hombre que conoce a Dios sabe que su soberanía está por encima de todo, y que la Escritura no puede mandar a callar a la Palabra.

Existen otros casos, como el del profeta Isaías a quien se le ordena mostrar su desnudez por tres años (Is. 20:2-4), aun cuando esto era penalizado por las Escrituras de la ley. También tenemos el caso de Oseas y su matrimonio desigual (Os. 1:2-3). Todos estos casos no son modelos o paradigmas, pero si son un importante aviso de que es mejor conocer a Dios personalmente y respetar su soberanía, que creer que lo conocemos solo porque hemos leído su libro.

La eficacia ministerial de estos hombres se debía a que mantenían una relación personal con Dios, esta relación estaba por encima de toda teología o doctrina porque Dios es en sí mismo la verdad y él debe ser la fuente que nos sostiene y nos guía en todo momento. Algunos pudieran pensar que esta enseñanza ofende las Escrituras, pero son las mismas Escrituras las que sustentan estas palabras, ellas jamás dicen tener más autoridad que aquello que Dios está hablando, porque los escritores bíblicos, si sabían que era la Escritura y quien es aquel que desata su Palabra.

La generación que viene

Demasiados hombres de Dios tienen una teología desde la cual filtran toda la información para aprobar si es de Dios o no lo que escuchan. La generación que viene tendrá un Dios mediante el cual juzgaran toda teología para comprobar si guardan su diseño y su voluntad.

Si amigo, los papeles se invertirán en la generación que caminará en lo sobrenatural. No digo que toda teología es mala, pero sí creo que la teología no fue diseñada para gobernar el intelecto del creyente. Antes bien, vivo bajo la convicción de que conocer a Dios, mediante el Espíritu Santo, es la clave para caminar en la verdad y en la autoridad sobrenatural.

> *Pero cuando venga el Espíritu de verdad, él os guiará*
> *a toda la verdad; [...] porque tomará de lo mío,*
> *y os lo hará saber.*
> (Jn. 16:13-14)

Esto me ayuda a recordar una frase de la Palabra que recibí del Señor el día que me habló acerca de estas cosas:

> *Pongo delante de ti el escombro de muchas generaciones,*
> *para que lo muevas y limpies el camino por el que*
> *transitará la próxima generación, en este camino no*
> *estorbarán más las tradiciones de los hombres...*

Las tradiciones no deben representar algo malo, porque la tradición forma parte de toda cultura, de manera que lo que fuimos debe enriquecer lo que somos, pero cuando las tradiciones han sido impuestas fuera del modelo original en que Dios diseñó su Reino, no son más que estorbos para el desarrollo del propósito de Dios con su pueblo.

La generación que viene será levantada por Dios y ungida para desenmascarar toda mentira y tradición torcida de los hombres, esta generación vivirá sometida a la voluntad del Padre y reflejarán en la tierra la autoridad de la imagen de Cristo por la gracia y la influencia sobrenatural del Espíritu Santo.

Los tiempos están listos, y el Reino espera el resurgir de una generación que esté sometida a la soberanía de Dios, una generación pura, sin influencia ni manipulación humana o religiosa. Esta generación se levantará para mostrar a las naciones la imagen incomparable del hijo de Dios, y usará el poder vivo y original de la Palabra.

CAPÍTULO 11

EL **PRINCIPIO** DEL **DISEÑO** DIVINO

*No como el pacto que hice con sus padres el día
que los tomé de la mano para sacarlos de la tierra
de Egipto, porque ellos no permanecieron en mi pacto,
y yo me desentendí de ellos, dice el Señor*
(He. 8:9)

*Cuando una generación ignora el diseño divino, la
próxima se establece sobre fundamentos extraños. Cuando
otra generación intenta avanzar hacia el modelo original,
la primera será su principal enemiga.*

La enseñanza de los padres debe ser la regla que dicte el sendero de la vida del hombre, este principio únicamente tiene excepción cuando los padres no son cuidadosos de guardar y proteger el diseño original de Dios, fabricando otro camino y transmitiendo otra enseñanza (Ro. 10:3).

Dios mismo estableció el modelo de la enseñanza generacional y el respeto hacia la herencia de los padres.

No traspases los linderos antiguos que pusieron tus padres.
(Pr. 22:28)

Pero este precepto no es aplicable a la generación que ignora el diseño de Dios, debido a que establecen modelos humanos, fuera de su voluntad, por consiguiente, pierden la autoridad espiritual delante de Dios y les es retirada su influencia generacional por lo que se dice:

Porque ellos no permanecieron en mi pacto,
y yo me desentendí de ellos, dice el Señor.

Dios reconoce a los padres que son capaces de guardar su diseño y entregarlo como herencia a la próxima generación, pero ignora a los que se fabrican un modelo religioso que pretende sustituir el suyo, por lo que la paternidad generacional es reconocida solo en aquellos que guardan y transmiten el diseño divino, en cambio, los desobedientes y rebeldes no tienen derecho legal ante Dios de llamarse padres de la iglesia, por cuanto no representan ni honran los diseños originales del Reino.

Cuando una generación caminó en el diseño original, pero la próxima, por las razones que fueran, no decidió hacerlo, decorando su propio camino, y estableciendo su propio diseño, tal generación no tiene derecho legal de ejercer paternidad generacional, por lo que la anterior a ella, que sí guardó el diseño continúa siendo la regla a seguir aprobada por Dios y solo hasta que otra posterior regrese en el poder de la restauración total no podrá establecerse un paradigma cercano.

Es probable que la enseñanza torcida de la generación que no anduvo en el diseño de Dios se extienda hasta convertirse en el paradigma de varias generaciones. Si esto sucede, el error cobrará la fuerza de la verdad y se arraigará en lo más intrincado del pensamiento religioso de estas generaciones. Inmediatamente todas ellas pasaran a la historia como niños necesitados de restauración, pero no como padres capacitados para dejar herencia. Por lo que el ignorar esto, provocará la extensión desmedida del error, al punto de que no exista otra salida que la confrontación.

Este es el escenario en que se manifestó el ministerio de Cristo. Tras cientos de años de acomodo religioso no existía otra salida que la confrontación y la demostración de poder, para que la verdad prevaleciera ante el diseño torcido establecido por el hombre.

Dios jamás renuncia a su diseño

El diseño es el modelo mediante el cual Dios establece su voluntad y su legalidad en el Reino.

La sociedad judía antigua se torció terriblemente hasta llegar a vivir generaciones enteras fuera del modelo de Dios, al honrar sus propias tradiciones y enseñanzas más que las ordenanzas y los preceptos divinos (Mt. 15:6).

Cuando el error es algo novedoso no representa ninguna amenaza seria, pero cuando ha llegado a heredarse y traspasar las fronteras de otra generación, cada vez se hace más difícil mover los escombros que su modelo va arrojando en el camino.

Independientemente de cuántos años o siglos lleguen a pasar, Dios jamás renuncia a su modelo original, jamás desiste en levantar hombres con una revelación que devuelva lentamente a estas generaciones al estado recto de su diseño. Lo más terrible es que cuando una generación se ha alejado tanto del modelo original y ha establecido en su lugar un modelo humano, llega a estar tan distante de la verdad que llaman herejía a lo que es original y sana doctrina a sus huecas tradiciones. Este es el estado profetizado de los últimos tiempos, que dice: *a lo malo dicen bueno, y a lo bueno, malo* (Is.5:20). Porque la verdad de Dios no es un estudio o un examen, no procede del intelecto o de la razón, no depende de quién la diga o cómo la diga, sino únicamente de la revelación que el Espíritu arroja sobre el hombre a fin de llevarlo al diseño original del Padre. *Pero cuando venga el Espíritu de verdad, él os guiará a toda la verdad* (Jn. 16:13). Cuando la verdad procede de Dios, no hay dudas de que nos llevara a honrar y guardar su pacto, pero cuando es el hombre quien traza estas verdades por medio de conclusiones e investigaciones, no podemos asegurarnos nada.

Nuestra confianza debe estar en Dios y en la guianza de su Espíritu, porque más triste sería hallarnos un día andando fuera de su diseño, pintando con esfuerzo y precisión la pared que no nos indicaron pintar, gastar energía y fuerza en el camino incorrecto, porque no debemos pensar jamás que solo porque hemos invertido años en hacerlo de esta manera Dios está comprometido a respaldarnos. No amigo, Dios únicamente está comprometido con su diseño y nuestra mayor preocupación debe ser la de estar seguros de que nos movemos en él.

Ellos no permanecieron en mi pacto,
y yo me desentendí de ellos.

En ocasiones solemos pensar que todos los logros de la vida según nuestro juicio, están asociados a la ayuda de Dios, pero en realidad, está comprobado que el hombre puede conseguir lo que desea y lo que busca tomando sus propios éxitos como una victoria, porque no siempre lo que conseguimos es aquello que nos conviene. Nuestros programas y nuestras metas pueden continuar resolviéndose aunque la ayuda y la dirección de Dios no estén específicamente sobre ellos, pero sí podemos estar seguros que por más afortunados que nos sintamos, ninguno de nuestros logros puede llevarnos al modelo de Dios, si él no ha estado impulsando nuestras vidas desde el principio.

Alguien dijo: *Quitémosle el Espíritu Santo a la iglesia y nos sorprenderemos al ver que la mayoría de sus programas continuarán desarrollándose como si nada pasara.* El hecho de que la posición tradicional de la iglesia que ignora el diseño de Dios se haya extendido por todo el mundo no significa obligatoriamente que Dios está con ellos, también se han extendido otras religiones que son aún más numerosas, la verdad no se mide por la cantidad de seguidores que posee.

Dios no está comprometido con nuestros programas, él jamás renuncia a su diseño, simplemente se desentiende de quienes intentan ignorar su voluntad.

Honra el diseño de Dios y Dios te honrará a ti.

EL PACTO ES LA CLAVE DEL FUNCIONAMIENTO DEL REINO

El Reino es el estado de gobierno de Dios en todas las eras y generaciones, solo que este Reino que se instaura en medio del hombre, se manifiesta y opera de acuerdo al pacto que Dios establece. El Pacto con Dios nos ayuda a comprender la justicia y la legalidad del funcionamiento del Reino, a fin de que sus súbditos no caminen en oscuridad, sino que conozcan lo que pueden y lo que no pueden hacer.

En el Edén, Adán recibió la tierra como la primera manifestación del Reino; aunque el Reino mismo de Dios habita en lo invisible, la tierra fue una manifestación visible, un lugar donde ejercer dominio. El Pacto de Dios con él le mostraba las dimensiones de su autoridad, así como sus límites.

Y los bendijo Dios, y les dijo: Fructificad y multiplicaos; llenad la tierra y sojuzgadla; y señoread en los peces del mar, en las aves de los cielos, y en todas las bestias que se mueven sobre la tierra.

(Gn. 1:28)

De todo árbol del huerto podrás comer; mas del árbol de la ciencia del bien y del mal no comerás; porque el día que de él comieres, ciertamente morirás.

(Gn. 2:16)

Sin el Pacto, ellos no tenían forma de saber qué era legal y que no lo era dentro del Reino que acababan de recibir como regalo, por tanto el Reino constituye el estado de gobierno, pero el pacto en sí mismo es el diseño que nos revela cómo operar y movernos en el Reino.

Conocer los detalles del Pacto que se revela juntamente con el estado de gobierno es indispensable para el éxito definitivo de la extensión del Reino de Dios. Intentar enseñar el Reino, plantar el Reino y conocer el Reino bajo la ignorancia del Pacto, es terriblemente fatal. Probablemente el resultado sea otra religión novedosa que termine igualmente en el dominio del hombre sobre el hombre.

El Pacto es lo que revela el diseño del Reino, el dominio del diseño hace al hombre sumamente efectivo, porque nada es más poderoso que moverse sobre la legalidad de los preceptos eternos.

Cada manifestación del Reino ha tenido su pacto para orientar al hombre sobre la justicia, así también sucedió con el Reino traído por el Mesías, ya que él mismo fue llamado también el mediador del Nuevo Pacto. Una vez más el estado de gobierno se manifiesta juntamente con la instauración del pacto, para que los hombres en los que se manifestaría este Reino puedan conocer el diseño sobre el cual este se establece.

> *Por lo cual, este es el pacto que haré con la casa de Israel*
> *después de aquellos días, dice el Señor: Pondré mis leyes*
> *en la mente de ellos y sobre su corazón las escribiré y*
> *seré a ellos por Dios y ellos me serán a mí por pueblo, y*
> *ninguno enseñará a su prójimo, ni ninguno a su hermano*
> *diciendo: Conoce al Señor; porque todos me conocerán,*
> *desde el menor hasta el mayor de ellos. Porque seré*
> *propicio a sus injusticias, y nunca más me acordaré de sus*
> *pecados y de sus iniquidades.*
>
> (He. 8:10-12)

En el presente estado de gobierno instaurado por Cristo la revelación del Espíritu Santo es indispensable, por cuanto las leyes del Pacto son escritas en nuestras mentes, lo cual implica la acción sobrenatural de revelar la legalidad del Reino al espíritu del hombre, y establecerlo como un nuevo ministro; no de la letra, sino del espíritu.

> *El cual asimismo nos hizo ministros competentes*
> *de un nuevo pacto, no de la letra, sino del espíritu;*
> *porque la letra mata, más el espíritu vivifica.*
>
> (2 Co. 3: 6)

¡ATENCIÓN! Aquí la palabra espíritu se traduce generalmente con minúscula. Algunas otras traducciones varían en su uso debido a que no existe una forma precisa para definir tal distinción, pero la traducción más común no hace referencia directa al Espíritu Santo, sino al espíritu humano, ya que el espíritu del hombre es usado como la tabla de Dios, donde su voluntad está escrita por la acción del Espíritu del Dios vivo, lo que significa que somos ministros de nuestro espíritu, debido a que la justicia del pacto está escrita en nosotros, por medio del Espíritu Santo. Esto no solo nos permite conocer la justica, sino más bien ser la justicia misma. ¡ATENCIÓN! Dice también: NO DE LA LETRA. ¿Por qué? Esto es debido a que la justicia escrita sobre superficies artificiales es un diseño antiguo que no está vigente en la presente instauración del Reino, de manera que el regalo principal del Mesías en su partida no fue un rollo nuevo con verdades escritas, sino que fue la promesa de que el Espíritu nos guiaría a toda verdad. Esto sí que está de acuerdo con el Pacto, el cual él no podía violar, ya que es medidor del mismo (He. 12:24).

Hoy la iglesia abraza y sustenta demasiadas posturas teológicas solo porque son herencia de los padres e investigadores de la iglesia católica y posterior a ella, pero en realidad debemos preocuparnos por saber si nuestros fundamentos están de acuerdo con la legalidad del Reino descrita en el presente Pacto introducido por Cristo.

La autoridad de los mediadores.

Todos los que fueron escogidos por Dios para traer un diseño representaban la máxima manifestación de su poder, sus palabras eran poderosas porque expresaban la más reciente aprobación de la legalidad divina. He aquí el principio y la importancia del diseño. Cuando nuestras palabras están de acuerdo con el Pacto, lo que decimos cobra relevancia y autenticidad porque expresa la legitimidad y rectitud de la justicia decretada.

El ministerio de Cristo no solo estaba basado en restaurar el Reino, también estaba estrechamente ligado a mediar entre dos pactos. Por consiguiente, su vida se basó en el cumplimiento del Pacto antiguo regida por los principios del nuevo. Luego de su muerte, el antiguo es dado por viejo e instaurado el nuevo diseño de Dios.

> *Porque si aquel primero hubiera sido sin defecto*
> *ciertamente no se hubiera procurado lugar*
> *para el segundo.*
>
> (He. 8:7)

> *Al decir: Nuevo Pacto, ha dado por viejo al primero;*
> *y lo que se da por viejo y se envejece,*
> *está próximo a desaparecer.*
>
> (He. 8:13)

La autoridad de Cristo se manifestó en ambos pactos, primeramente cumple la Ley escrita, pues no es justo que sea abolida sin que fuera antes cumplida, por lo que el mismo dice:

> *Ni una jota ni una tilde pasarán de la ley,*
> *hasta que todo se haya cumplido.*
>
> (Mt. 5:18)

De manera que era imposible instaurar el Nuevo Pacto si antes no era cumplido el régimen de la letra, por esta causa Cristo vive bajo la Ley y al ser hallado sin pecado, está listo para instaurar un nuevo régimen, establecido sobre mejores promesas (He.8:6).

Cristo mismo es el cumplimiento de la Ley y a su vez el paradigma de la vida en el Espíritu, por lo tanto su influencia y autoridad estuvieron presentes en ambos pactos, pero su enseñanza fue dirigida hacia los que habían de moverse en el nuevo.

Los creyentes no somos mediadores, somos ministros. Un mediador puede moverse en ambos pactos y sacar provecho, pero un ministro, encargado de representar un pacto, no puede cometer el error de moverse bajo los preceptos del anterior ya abolido, eso es ilegal, y por consiguiente sus palabras dejarán de tener importancia y legitimidad.

Guardar el diseño del Pacto es imprescindible para fluir en la autoridad de Dios por medio de los decretos, pues es el mismo Pacto quien establece los principios inviolables que nadie tiene derecho a remover o cambiar.

¿QUÉ ESTABLECE EL NUEVO DISEÑO?

Posteriormente dedicaremos un material para hablar exclusivamente del Nuevo Pacto, donde descubriremos otros diseños estructurales y funcionales. En esta ocasión solo mencionaremos los diseños de contrato, que expresan las diferencias entre el antiguo pacto y el nuevo.

> *Pondré mis leyes en la mente de ellos*
> *y sobre su corazón las escribiré.*
> (He. 8:10)

La primera cláusula del Pacto establece una diferencia entre el primero y el segundo. En el primer Pacto la Ley de Dios que representa su justicia, nos llegaba por medio de la letra, pero el Nuevo declara que la ley nos será revelada, escrita en nuestros corazones. El apóstol Pablo declara que el Espíritu Santo es quien escribe estas leyes en nuestro corazón. *Escritas en nuestros corazones, [...] no con tinta, sino con el Espíritu del Dios vivo* (2 Co. 3:2-3). De manera que podemos afirmar que, de acuerdo a lo establecido por Dios en el Nuevo Pacto, es legal declarar que la revelación es un asunto presente. ¿Cómo entonces los supuestos padres de la teología dicen que ya no existe? Definitivamente, el Pacto es violado e ignorado por esta declaración.

Y seré a ellos por Dios, y ellos me serán a mí por pueblo.
(He. 8:10)

Como ya sabemos, el término Dios es un título de gobierno, que también solían usar las culturas antiguas para referirse a sus máximos líderes, como es el caso del faraón a quien tenían por un dios.

Esta porción del Pacto establece cuál es el orden jerárquico del Reino, y varía notablemente de la estructura antigua de Israel establecida en los tiempos de Saúl, cuando prefirieron un rey humano antes que el cuidado directo del Señor.

Y dijo Jehová a Samuel: Oye la voz del pueblo en todo lo
que te digan; porque no te han desechado a ti, sino a mí
me han desechado, para que no reine sobre ellos.
(1 S. 8:7)

El propósito del Nuevo Pacto es recuperar la estructura original del Reino, donde Dios es soberano y Señor. Cristo nos mostró esta verdad en la oración modelo: *Venga tu Reino y hágase tu voluntad, como el cielo, así también en la tierra* (Lc. 11:2). Por esta causa, la administración del Reino no se basa en establecer figuras dominantes, sino más bien, instrumentos de servicio: *el que quiera hacerse grande entre vosotros, será vuestro servidor (Mt. 20:26).* Y este orden según lo establecido:

Y él mismo constituyó a unos, apóstoles, a otros, profetas,
a otros, evangelistas y a otros, pastores y maestros, a fin
de perfeccionar a los santos para la obra del ministerio
(Ef. 4:11-12)

El hombre tiene autoridad de rey y legalidad para reinar, pero no sobre otros hombres, porque esto es ilegal en el Nuevo Pacto, pues en él está claro que sobre la raza humana hay un solo Rey. Sin embargo, nuestra autoridad se manifiesta sobre las enfermedades, sobre los demonios y sobre toda obra que proceda de la adversidad, mientras que ejercemos nuestro liderazgo hacia los hombres en posición de servicio, tal y como Jesús lo hizo y lo enseñó.

En verdad clamo en mi espíritu para que la fiebre de jerarquía y control humano cese en la iglesia, oro fervientemente para que el espíritu de Jezabel que se disfraza de grandes figuras de gobierno sea derrotado y desenmascarado.

Cuando la iglesia establece el diseño divino para servir en el Reino que describe Pablo en Efesios 4:11 se asegura la permanencia del gobierno soberano de Dios sobre su pueblo, pero cuando ignoramos este diseño y lo sustituimos por uno que establece a hombres por cabeza de la iglesia, el desenlace es desastroso, inmediatamente surge el sectarismo, la lucha por el poder y la nueva construcción de pequeños reinos humanos basados en las diferencias conceptuales de unos y otros.

Solo el diseño de Dios protege su voluntad.

Y ninguno enseñará a su prójimo, ni ninguno a su
hermano diciendo:
Conoce al Señor, porque todos me conocerán,
desde el menor hasta el mayor de ellos.
(He. 8:11)

La tercera porción del pacto establece también una notable diferencia entre el antiguo y el nuevo. En el antiguo solo conocían a Dios aquellos elegidos por él para alguna tarea específica, y los sacerdotes que podían acceder a su presencia una vez al año, en cambio el nuevo comienza cuando Cristo expresa desde la Cruz: CONSUMADO ES. Inmediatamente el velo del templo se rasgó por la mitad, tipificando la disposición de Dios de encontrarse personalmente con cada hombre.

Por esta causa el Pacto declara que ninguno tendrá necesidad de enseñar a otro cómo es Dios, antes bien podrá decirle: tú tienes la misma oportunidad que yo, es legal que lo busques y que lo halles, que lo llames y que él acuda, porque él jamás incumple su parte del Pacto.

> *Porque seré propicio a sus injusticias,*
> *y nunca más me acordaré de sus pecados*
> *y de sus iniquidades.*
>
> (He. 8:12)

Creo que esta verdad sí ha sido capturada por la iglesia. El mensaje de la gracia y el perdón de Dios es tan fuerte y poderoso que ha recorrido el mundo entero, y cientos de miles de milagros han sucedido en respaldo a él.

Esto es lo que sucede cuando hablamos algo que se encuentra legalizado en el Pacto, y este es el motivo por el que dominar el diseño de Dios es tan importante. Si desea moverse en el poder de los decretos, primeramente debe asegurarse de que sus palabras estén sustentadas por la legalidad y la autenticidad del diseño divino.

La confrontación de los diseños

Una de las confrontaciones más terribles que se puede presenciar es aquella que se esboza entre el diseño de los hombres y el diseño de Dios, y aun peor cuando tales hombres han tomado su propio diseño como el diseño divino. Cuando esto sucede, no se puede divisar desde afuera quién tiene la razón porque ambos usan el nombre de Dios, es por eso que es absolutamente imprescindible que el poder sobrenatural de Dios sea derramado para cerrar la boca de los hipócritas.

Las señales hechas en el ministerio del Mesías fueron el sello que lo distinguía de los fariseos, aunque sabemos que en realidad lo distinguía todo lo demás, pues Jesús era realmente justo, recto, compasivo y humilde. Dichas virtudes son imitables y pueden aparentarse, pero el poder sobrenatural que socorre al afligido y ayuda al necesitado es algo que únicamente proviene de la mano de Dios. Esto fue lo dicho por el judío llamado Nicodemo, expresando la opinión secreta del concilio de la sinagoga.

> *Rabí, sabemos que has venido de Dios como maestro;*
> *porque nadie puede hacer estas señales que tú haces,*
> *si no está Dios con él.*

(Jn. 3:2)

Lamentablemente, muchos caen en la sutil trampa de las confrontaciones de diseño, la cual es en esencia arremeter contra el testimonio del contrario, acusándole de falsa doctrina y de todo cuanto se pueda para debilitar su efecto ministerial. Esta actitud es típica de los religiosos, pero lamentablemente hay algunos que luego de recibir una Palabra de restauración son adsorbidos por la crítica y terminan haciendo lo mismo, lo cual no es honorable y desacredita a quien ha sido enviado.

Cuando somos enviados a corregir un diseño pasado que ha estado torcido, debemos estar conscientes de que recibiremos las más cruentas críticas, pero no podemos reaccionar igual. Debemos mantener nuestro llamado y saber que las críticas, si son inciertas, o manipuladas, solo nos darán mayor reputación delante de Dios.

Este es el tiempo donde vendrá un derramamiento del poder sobrenatural del Rey sobre una generación que está comprometida con la verdad de Dios, más que con cualquier otra postura de este mundo. La generación que viene no tiene rostro ni nombre, no está compuesta por personas famosas, es una generación que está naciendo en el desierto y está escuchando al Espíritu Santo. Esta generación será ungida para hacer milagros y traer de vuelta una relación poderosa con Dios, mediante la cual la tierra será testigo del poder y de la verdad del Señor todopoderoso, creador del cielo y de la tierra.

CAPÍTULO 12

EL **PRINCIPIO** DE LA **DEPENDENCIA** DEL **ESPÍRITU**

Pero ahora estamos libres de la ley, por haber muerto
para aquella en que estábamos sujetos, de modo
que sirvamos bajo el régimen nuevo del Espíritu
y no bajo el régimen viejo de la letra.

(Ro. 7:6)

Permite que lo más profundo de ti, se conecte
con lo más profundo de Dios, y todo lo que te rodea
será radicalmente transformado.

Una mañana del año 2008, sentí el fuego del Espíritu Santo que ardía como nunca antes dentro de mí. Era pasión, hambre y anhelo indescriptible por su presencia. En realidad, fui sorprendido por esa influencia mientras trabajaba en las labores cotidianas de la iglesia, pero de una forma que todavía no puedo describir fui llevado a la oración y al ayuno sin poder evitarlo, pues no había nada que pudiera desear más que estar a solas con él. Fue en aquel encuentro que el Espíritu Santo comienza a darle un vuelco a mi vida, allí recibí de Dios que mi tiempo en la joven iglesia que atendía había terminado, y que debía seguir su voluntad para mí. Fue muy doloroso, pues yo quería seguir en la iglesia, pero Dios decía que no. Mi gran problema era que no entendía por qué debía ser así, y necesitaba una razón y una explicación de lo que haría después que tomara esa decisión.

Pero no recibí ninguna respuesta, así que preferí ignorar lo que pasaba y seguir adelante. Seguidamente, comenzaron a levantar la voz algunos profetas dentro y fuera de la iglesia, Dios habló a través de ellos para decir lo mismo: *Tu tiempo aquí terminó, tengo cosas más grandes para ti.* Yo agradecía amablemente a los profetas, pero continuaba ignorando todo, hasta que no obtuviera una respuesta de lo que debía hacer después. Yo pensaba que hacía lo correcto y que Dios no podría reprocharme que tratara de estar seguro sobre mi destino, pero nuestros pensamientos humanos no alcanzan a comprender la profundidad de Dios. Yo me resistía porque temía al futuro, pero ignoraba que Dios trataba de enseñarme a depender de él, dentro de mí no había dudas de lo que debía hacer, pero jamás me había aventurado a cosas desconocidas, mucho menos ahora que tenía una esposa y dos hijos.

Cuando haces las cosas conforme a los patrones que la mayoría aprueba, tu reputación se hace notoria, pero cuando tratas de seguir a Dios en cosas que la gente tradicional no comprende, pasas a ser repudiado y despreciado por los que jamás entenderán la inmensidad y la soberanía del Todopoderoso.

Enfrentarme a la iglesia para anunciarles que renunciaba a mi pastorado es lo más duro que he hecho en mi vida. Jamás olvidaré el desconcierto y la tristeza en el rostro de muchos, y la alegría y satisfacción en el semblante de otros.

En medio de todo esto me sentí como el pueblo de Israel en el desierto diciendo: *¿Para esto nos has traído hasta aquí?* Todo era nuevo para mí, hasta podía ponerme en el lugar de Pedro justo después de dar el paso y salir de la barca para aventurarse a caminar sobre las aguas, las olas de comentarios eran tantas que no sabía a quién ver, con quién hablar, o cómo detener aquellas mentiras que algunos decían sobre la razón por la que habíamos dejado la iglesia, tal parece que separarme de mi organización fuera como renunciar al Reino; en fin, toda la reputación que había sostenido durante más de diez años de pastorado se desmoronaba terriblemente y no podía hacer nada, y lo más duro era que me hundía en la tristeza por todo lo que escuchaba, pero jamás comprometí a Dios, ni dije a nadie lo que me sucedía. Fue en medio de mi dolor que el Espíritu Santo me enseñó la delicia de depender de él, fue una lección muy difícil de aprender, pero al fin su presencia trajo favor y gracia sobre mí y fui libre de la crítica. En él hallé descanso y nací de nuevo.

Así es, en ocasiones la transición puede ser muy dura, aun cuando estás seguro de seguir a Dios, no puedes evitar sufrir que muchos no entiendan tus decisiones. Cuando no queda nadie más a quien mirar, es cuando aprendemos más rápido a depender de su voz y su dirección, pero aun debemos descubrir lo más difícil de la dependencia: Desaprender.

Sin arrepentimiento no hay dependencia.

Pude nacer de nuevo por medio del arrepentimiento, solo así comprendí el verdadero significado de esta palabra. Para mí arrepentirse tenía que ver solo con la moralidad del hombre, pero jamás lo asocié con sus concepciones, paradigmas y tradiciones. Creía que nacer de nuevo era solo aprender la manera correcta, pero jamás pensé que tuviera que ver con desaprender aquellas que son un estorbo para la verdad. Y en efecto, el reclamo de Dios a mi vida para que dependiera de él y experimentar así su poder culminó con esta petición: DESAPRENDE. Yo sabía lo que era aprender, lo había hecho por años, sabía de guardar, acumular y hasta mezclar información para sacarle un mejor provecho argumentativo, pero desaprender, ni siquiera sabía qué significaba esa palabra. Los creyentes solemos usar una parecida: Renunciar. Pero desaprender es mucho más profundo, porque implica tener la capacidad y la habilidad de borrar información tradicional que ocupa el lugar donde debe estar establecida la verdad. Fue así que descubrí que existía demasiado conocimiento preconcebido en mi vida que estorbaba mi dependencia del Espíritu. Aparentemente tenía una respuesta para casi todo, respuesta que provenía de los conceptos ancestrales y tradicionales de la iglesia en las diferentes temáticas de la vida cristiana. Fue entonces que comprendí el escenario de la visión del profeta Ezequiel.

La mano de Jehová vino sobre mí y me llevó en el Espíritu de Jehová y me puso en medio de un valle que estaba lleno de huesos. Y me hizo pasar cerca de ellos por todo en derredor; y he aquí que eran muchísimos sobre la faz del campo, y por cierto secos en gran manera.
Y me dijo:
Hijo de hombre, ¿vivirán estos huesos?
Y dije: Señor Jehová, tú lo sabes.
(Ez.37:1-3)

Ezequiel pudo ver en el espíritu la realidad del pueblo de Israel, pudo apreciar su mortandad, sequedad y división, la cual no es muy diferente del estado letárgico y árido en el que vive la mayoría de los creyentes contemporáneos. Seguidamente, la interrogante divina: ¿Vivirán los huesos? ¿Acaso Dios no conocía la respuesta? Pero en ocasiones el secreto de las preguntas divinas está en asegurarse que queremos depender de él para la respuesta. La respuesta de Ezequiel refleja el corazón de alguien sometido. Ezequiel sabía que el valle representaba a Israel, aun así no reaccionó como otros profetas que les faltó sometimiento a la voluntad divina, tal es el caso de Habacuc, quien intentó forzar a Dios a dar explicaciones por su determinación de juzgar a Israel (Hab. 2:1), o Jonás, quien huye para no cumplir la voluntad del Señor (Jon. 1:3). Con la pregunta Dios intenta saber qué piensa Ezequiel, pero su respuesta expone su corazón por completo: *Señor Jehová, tú lo sabes*. Ezequiel escogió depender del Señor para la respuesta, se negó a su opinión y prefirió oír a Dios.

Qué distinto sería que Dios preguntara hoy qué hacer con la iglesia que se divide y se muere y sus líderes contestaran: "Pues bien, Señor, hablando del tema, tenemos la idea de hacer un congreso para hablar de unidad", o "tenemos en planes escribir un libro para que todos comprendan esta urgencia". Eso sería muy distinto. Todas estas cosas son buenas, pero en realidad Dios no quiere saber lo que pensamos, el desea comprobar si estamos dispuestos a rendirnos a su perfecta voluntad y depender de él.

Para esto se necesita reconocimiento y arrepentimiento, porque el arrepentimiento te deja sin respuesta para todo aquello que antes podías solucionar de forma tradicional, te obliga a redefinir tus conceptos y a obtener del Espíritu la verdad que debe regir tu vida. Es este ambiente sobrenatural de negación, sometimiento y rendición lo que comienza a dar poder a tu fuente, tus palabras comienzan a tomar la relevancia de quien ha aprendido de la fuente original que es el Espíritu de Dios. La gente que te rodea lo notará, porque no hablas como los fariseos, sino como alguien que tiene autoridad. Todos los fariseos hablan igual, todos tienen las mismas respuestas y se hacen las mismas preguntas, pero solo los que aprenden del Espíritu viven en la verdad, por eso su forma de hablar es un estorbo para los que han entrenado su razonamiento a base de tradiciones y conceptos religiosos.

Las palabras tienen poder cuando brotan de alguien que depende del Espíritu, porque esas palabras no son en realidad sus propias palabras, sino aquellas que han oído.

La palabra que habéis oído no es mía,
sino del Padre que me envió. (Jn. 14:24)

SOMETIDOS AL ESPÍRITU

La autoridad espiritual no se basa en gritar, enfadarse o usar frases impactantes. La transformación de las cosas que nos rodean y la sujeción de aquellas que nos pertenecen se deben a nuestra capacidad de someternos al Espíritu. Todo estará sometido a nosotros con la misma medida que nosotros lo estemos a Dios, de eso se trata la dependencia del Espíritu.

Existen dos manera de hacer lo bueno, la primera es por medio del esfuerzo y la autodisciplina, la segunda es por la influencia de un poder que nos inspire y nos guie en todo momento. La primera trae satisfacción porque el logro está condicionado a nuestra capacidad, la segunda provoca agradecimiento y humildad porque no dependió de nosotros.

> *¿Dónde, pues, está la jactancia? Queda excluida.*
> *¿Por cuál ley? ¿Por la de las obras?*
> *No, sino por la de ley de la fe.*
>
> (Ro. 3:27)

El placer y la autosatisfacción que provoca el resultado del esfuerzo no son comparados con la actitud dependiente y el carácter sometido que se desarrollan en el corazón de los que consiguen lo que tienen por gracia e influencia sobrenatural. Ser influenciados es algo indescriptible e insustituible, esta fue la idea original de Dios al enviar su Espíritu. Todo hombre del Nuevo Pacto necesita depender del Espíritu, solo la influencia del Espíritu desata las potencialidades del tesoro que existe en cada hombre.

Durante este capítulo comprenderemos el poder sobrenatural que se desata al vivir en absoluta dependencia y sujeción al Espíritu Santo.

Un régimen diferente

En el Nuevo Pacto fuimos llamados para servir bajo un régimen diferente al antiguo. El régimen viejo que pretendía guiar a los hombres a la justicia era la letra, pero la letra no podía impartirse y ministrase a sí misma, por lo que los hombres no podían hallar vida en ella. En cambio, el nuevo régimen del Espíritu no solo revela, enseña y consuela, también influye, ministrando fortaleza y vida, para que la justicia sea impresa en nuestros corazones y nos impulse a hacer lo bueno por la influencia de su naturaleza.

Es una pena que demasiados creyentes escojan vivir bajo la influencia de un régimen que ya no está vigente, el gran problema del régimen de la letra era que su cumplimiento dependía de la fuerza y la habilidad humana, eso desarrolló la arrogancia y el orgullo en sus ministros, los cuales terminaron muertos y secos. El régimen del Espíritu está diseñado para evitar que el hombre dependa de sí mismo y regrese a confiar en Dios. Este nuevo régimen no niega ni desplaza la utilidad de la letra, pero sí pretende hacer al hombre dependiente de Dios, ya que toda justicia pasó de ser un logro de nuestra habilidad a ser un fruto inmerecido que su gracia nos otorga por medio de su Espíritu.

Pues si por la transgresión de uno solo reino la muerte,
mucho más reinaran en vida por uno solo, Jesucristo,
los que reciben la abundancia de la gracia
y del don de la justicia.

(Ro. 5:17)

Sí, hermano y amigo lector, la justicia es un don, es un regalo inmerecido. La capacidad de cumplir con la legalidad del Reino y la capacidad de hacer su voluntad es un regalo que recibimos cuando nuestra vida está sometida al único que tiene autoridad para influenciarla: el Espíritu Santo. Este es un régimen que muchos prefieren ignorar y cuestionar, pero es en realidad la única oportunidad de cumplir la voluntad de Dios para el presente pacto. El Nuevo Pacto abre el camino a la revelación para todo hombre, de manera que el centro de la voluntad de Dios se manifiesta por la intervención del Espíritu Santo, que utiliza diversas fuentes para hablar a la iglesia.

El régimen de la letra consistía en que el hombre pusiera por obra lo que estaba escrito, de lo contrario debía morir, pero este régimen quedó en el pasado.

La ley contenía un código moral de conducta y diversos mandamientos e instrucciones que abarcaban la mayor parte de la vida cotidiana de todo judío. Para ellos la voluntad de Dios era hacer todo lo que estaba escrito, ese era su régimen, pero en la instauración del Nuevo Pacto la voluntad de Dios se manifiesta en todo hombre, no por sabia interpretación, sino por la influencia del Espíritu Santo, el cual escribe dentro de nosotros.

Siendo manifiesto que sois carta de Cristo expedida
por nosotros, escrita no con tinta, sino con el Espíritu
del Dios vivo; no en tablas de piedra,
si no en tablas de carne del corazón.

(2 Co. 3:3)

Esta es la esencia del régimen descrito por el apóstol Pablo. El Espíritu es la clave para que la justicia y la voluntad de Dios nos sean reveladas.

Pero ahora estamos libres de la ley, por haber muerto
para aquella en que estábamos sujetos, de modo
que sirvamos bajo el régimen nuevo del Espíritu
y no bajo el régimen viejo de la letra.

(Ro. 7:6)

¿Quién rige? ¿Quién guía? ¿Quién orienta, revela, consuela, ministra, aconseja, y enseña? Creo que ya sabe la respuesta. El Espíritu Santo, el enviado del Padre. Vivir en comunión con él es la única esperanza de la iglesia para caminar en la verdad, no existe otra forma.

Dependencia e influencia

Es natural que todo creyente desee expresar autoridad espiritual, pero como dijimos al principio esta autoridad es inversamente proporcional al libertinaje carnal, esto significa que en la medida en que nos sujetamos a Dios, las cosas se sujetan a nosotros, este es el principio de dependencia e influencia. El error de muchos creyentes es que están concentrados en mandar, dominar y poseer, y no comprenden que nuestra influencia y autoridad espiritual no es una meta a conseguir, es simplemente el resultado de nuestro sometimiento y dependencia de Dios. Cuando nos acercamos a Dios él se acerca a nosotros (Stg. 4:8), esto desata la autoridad natural de nuestro espíritu y genera una fuente de poder que se manifiesta en todo lo que hacemos y decimos.

Un discípulo del Reino no se concentra en someter a los demonios, o se preocupa cuando estos no lo hacen, no vive preocupado por si los enfermos se sanarán o no, la responsabilidad del discípulo es someterse a su maestro por entero, pues de esta forma todo lo que está en su maestro fluirá en él, las consecuencias externas serán el resultado de su sometimiento secreto.

La autoridad del Reino se manifiesta en primer lugar en nuestro espíritu, por medio del sometimiento a la autoridad de Dios. Primeramente somos reyes de nosotros mismos, antes de ejercer autoridad afuera. Si estos papeles se invierten, encontraremos a muchos hablando como reyes sin reino, como príncipes sin autoridad, usando frases recicladas que no son suyas y construyendo miserables vidas que solo sobreviven en el contexto de sus falsas apariencias. Este será el resultado de enseñarles a los creyentes a hacer lo que hacen los reyes sin enseñarles antes a ser reyes, y está claro que ser debe ser antes de hacer.

Lamentablemente, es más fácil imitar la proyección y el estilo externo del rey, que formar el espíritu de reino por medio del sometimiento y la influencia del Espíritu Santo. Muy pocos buscan ser reyes desde el origen y prefieren conformarse con parecerlo, pero solo quien descubra el espíritu de Reino dentro de él y viva por esa influencia podrá fluir en la autoridad genuina de esta identidad.

Para ejercer la autoridad y la influencia espiritual de nuestras palabras, debe morir primero el autoritarismo carnal y diabólico que se manifiesta en todo hombre, esto es posible por medio de la humillación, la rendición y el sometimiento a la voluntad soberana de Dios. Es en este escenario donde somos transformados, donde es cambiado el autoritarismo por autoridad genuina, donde todo lo que está sujeto a Dios se sujeta también a nosotros como testimonio de honra al todopoderoso. En otras palabras, nuestra influencia en Dios estará sujeta a nuestra dependencia de Dios, no existe otra forma de que nuestra autoridad sea legal, fuera de esto no hay más que autoritarismo, coacción, impresionismo y temor al hombre.

CAPÍTULO 13

EL **PRINCIPIO** DE LA **FE**

Es pues la fe la certeza de lo que se espera,
la convicción de lo que no se ve.

(He. 11:1)

La fe es el punto de conexión entre la verdad divina
y la realidad visible, a fin de introducirnos
en la dimensión de Dios y establecernos
sobre los fundamentos del Reino invisible.

La fe es un fruto sobrenatural que se encuentra más allá de la naturaleza humana, porque su fundamento y origen dependen de la legalidad y la aprobación que obtenemos de la realidad invisible, de manera que la posibilidad de ver y oír en la dimensión de Dios es vital para su desarrollo.

Los principios y fundamentos humanos se sostienen sobre las evidencias que se comprueban por medio de la observación y la investigación protagonizada por la mente y el intelecto, asociados y respaldados por la certeza y convicción que provee el certifico final de la vista, de ahí la frase común: si no lo veo, no lo creo. Esa es la forma en que se establecen las verdades del mundo visible, pero no la forma en que se establecen los principios del Reino de Dios. El Reino es una realidad que está más allá de nuestro sentido común y de nuestra vista humana, por tanto sus principios y legalidades coexisten entre nosotros, mas es imposible acceder a ellos con nuestras propias habilidades, solo la fe puede conectarnos con el Espíritu para ver en la dimensión de Dios y obtener la verdad y la legalidad de su Reino.

En este capítulo nos acercaremos a uno de los fundamentos esenciales para que nuestras palabras cobren relevancia y poder, la fe es este fundamento, ella es el detonador que provoca seguridad y plena certidumbre en una realidad que es superior a la nuestra: la realidad de Dios, la cual es en esencia la verdad misma, y aquella que rige y somete todas las cosas.

Para conocer y aprovechar la fe, debemos definirla primeramente. Fe no es pensamientos positivos que nos alegren el día, no es creer en cualquier realidad que decidimos aprobar. Fe es mucho más que un buen presentimiento, está más allá de nuestra seguridad humana y nuestra confianza basada en los hechos. La fe es el fundamento que sostiene nuestras vidas, nuestras palabras y decisiones, las cuales llegan a nosotros por revelación e impartición sobrenatural.

Existen diversas formas de alimentar la fe, pero una sola manera de conseguirla. Podemos alimentarnos con oración, lectura, ayunos y cánticos de adoración, pero solo la verdad de la Palabra de Dios traída por revelación del Espíritu Santo puede crear el fundamento de fe en cada ser humano, luego esta fe se fortalece y crece a fin de que podamos ver con mayor claridad en la dimensión de Dios, y así traer su verdad a la vida cotidiana. Por tanto, la fe es la capacidad de ver en lo invisible de Dios a fin de establecer nuestro accionar en ese fundamento.

Ahora descubriremos el secreto para que nuestras palabras tengan un verdadero poder, no un autoritarismo humano, ni una habilidad manipuladora, sino la plena certidumbre de que nuestras palabras representan la realidad suprema de Dios y la verdad misma. Esto solo es posible por medio de la fe.

Los anteojos de Dios

La fe está basada en evidencias, que provienen de una realidad fuera de la que podemos ver con nuestros ojos naturales, de manera que la fe es el punto de conexión entre lo profundo de Dios y nuestro espíritu. La fe reposa en nuestro espíritu, no es un asunto del intelecto, aunque algunos suelen confundir los conceptos que podemos aprobar por medio del razonamiento con principios que provienen de la fe. La fe es un canal de fundamento y verdad que se obtiene por medio de la capacidad de ver en la dimensión invisible, solo aquello que es una revelación provee un fundamento de vida en nosotros.

La fe genuina no posee ojos naturales, ninguna información visual puede provocarla, ella es solo traída por las verdades que provienen de la dimensión de Dios, por esta razón la fe es en sí misma la capacidad que tiene nuestro espíritu de ver y oír en lo sobrenatural de Dios y dominar nuestra naturaleza por medio de esa realidad. Sin fe somos ciegos espirituales, imposibilitados de ver y oír a Dios.

Nuestro espíritu posee la capacidad de comunicarse con Dios, ninguna otra parte del ser humano puede captar su presencia con tanta fuerza, esto es posible debido a que la materia humana pertenece a este mundo, en cambio el espíritu del hombre es un regalo que brotó en primer lugar de la naturaleza divina, para luego incorporarse a la herencia de la vida. Los hombres son portadores de vida con la capacidad de trasmitirla a la próxima generación que le sigue. Esta vida se encuentra esencialmente en el espíritu, el cual posee la capacidad de ver y oír en el escenario invisible del Reino de Dios por medio de la fe. Somos en primer lugar espíritu y luego mente y cuerpo. Si relegamos lo espiritual a un plano muy escondido que no conocemos, seremos siempre hombres racionales sin la capacidad de conectarnos con Dios. Lo espiritual debe ser lo más conocido de nosotros, nuestro espíritu debe convertirse en la parte más usada de nuestro ser, luego el intelecto y el cuerpo deben ser siervos de su influencia, solo así la fe provoca verdaderos milagros, solo así nuestras palabras desatarán la autoridad de los cielos en la tierra.

El creer por medio de la fe se convierte en los anteojos de Dios en nosotros, con ella somos capaces de actualizarnos y ver con claridad, sin fe vivimos a merced de la información que nos brinda nuestro sentido natural de la vista, pero con la carencia de saber la verdad que proviene exclusivamente de Dios. Jesús criticó a los fariseos cuyo discernimiento se basaba únicamente en lo que veían con sus ojos naturales:

> *Vinieron los fariseos y los saduceos para tentarle y le pidieron que le mostrase señal del cielo. Mas él respondiendo les dijo: Cuando anochece, decís: Buen tiempo; porque el cielo tiene arreboles. Y por la mañana: Hoy habrá tempestad; porque tiene arreboles el cielo nublado. ¡Hipócritas! que sabéis distinguir el aspecto del cielo, ¡más las señales de los tiempos no podéis!*
>
> (Mt. 16:1-3)

Para poder conocer los tiempos de Dios se necesita la capacidad de ver en la dimensión celestial y obtener información allí, esa capacidad proviene de la fe, por eso se dijo de ella: *La convicción de lo que no se ve* (He. 11:1). La fe es seguridad profunda, y certeza comprobada de la verdad que es invisible a los ojos naturales, pero expuesta ante ella con claridad.

Cuando seamos capaces de ver en la dimensión de Dios, seremos capaces de revelar los tiempo de Dios, solo entonces nuestras palabras fluirán en la autoridad y la verdad del Reino.

Para que nuestras palabras tengan influencia en esta dimensión, deben tener procedencia de otra superior.

Una dimensión superior

Todo lo que es original tiene mayor valor que aquello que ha sido una reproducción del modelo primario, este es el caso de la dimensión de Dios, su Reino y lo que hemos recibido por herencia. El mundo en el que vivimos no solo es inferior a la dimensión de Dios, también está sujeto a los principios originales y eternos que habitan en el Reino celestial. Cuando las verdades del Reino son reveladas y traídas a este mundo, esas verdades son capaces de someter y doblegar a toda filosofía de este mundo incluyendo en ocasiones, hasta sus propias leyes naturales. La fuente de la verdadera autoridad espiritual se basa en la capacidad que poseen los ministros de Dios de acceder al Reino celestial y obtener principios y leyes capaces de someter nuestra realidad a la voluntad del todopoderoso que habita en lo invisible. A esto llamamos: el principio de la dimensión superior, imprescindible para que nuestras palabras sean capaces de influenciar sobre la realidad visible.

Si nuestra boca logra expresar la verdad y nuestra lengua comunica lo que recibimos en el espíritu, nuestras palabras operan como espadas cortantes que son capaces de someter la realidad visible a los principios del Reino invisible, para que lo imposible se haga realidad. La fe marca la diferencia entre lo que se dice en el mundo, y lo que declara en el Reino.

Mientras él aún hablaba, vinieron de casa del principal de la sinagoga, diciendo: Tu hija ha muerto; ¿para qué molestas más al Maestro? Pero Jesús, luego que oyó lo que se decía, dijo al principal de la sinagoga: No temas, cree solamente.

(Mr. 5: 35-36)

Jesús sabía que la fe era lo único que podía hacer la diferencia entre lo que se decía en la tierra y lo que se declaraba en los cielos, y en efecto así sucedió. Pronto la declaración del Reino celestial tomaría lugar en este escenario.

Y entrando les dijo: ¿Por qué alborotáis y lloráis?
La niña no está muerta, sino duerme.

(Mr. 5:39)

¡¡Impresionante!! La declaración hecha por Cristo desafiaba toda lógica humana, pero por más absurda que pareciera, provenía de una dimensión donde toda verdad tiene autoridad sobre la nuestra, por lo que la muerte declarada en este mundo no pudo resistir la verdad de vida que provenía del Reino celestial y por consecuencia, la realidad visible no tuvo otra salida que transformarse a los deseos de la voluntad del Reino invisible.

Si somos capaces de ver por medio de la fe en el Reino invisible y conocer la voluntad revelada de Dios para todo momento, nuestras palabras reflejarán la autoridad genuina de la voluntad eterna.

Lo invisible es superior a lo visible, por tanto todo principio que procede de lo celestial tienen influencia sobre lo terrenal.

Poned la mira en las cosas de arriba, no en las de la tierra.

(Col. 3:2)

Pues las cosas que se ven son temporales,
pero las que no se ven son eternas.

(2 Co. 4:18)

Dependiendo de lo invisible y desafiando lo visible.

La Escritura dice de Moisés que se sostuvo mirando a lo invisible (He. 11:27). ¿Cómo es posible que un hombre terrenal sea sostenido y animado por lo que no se ve? Inevitablemente debemos creer que Moisés estaba capacitado por Dios para ver en el mundo sobrenatural, pero también tenía la orden de no hacerse imágenes de nada de lo que viera en el cielo, a no ser del tabernáculo que se le ordenó construir (He. 8:15). Moisés podía ver, pero no podía construir imágenes, porque todo lo que se extrae del mundo sobrenatural y se materializa en el mundo natural no se conserva con el poder original que tiene en el mundo invisible, por lo que debemos aprender a ver cómo son las cosas en la dimensión de Dios y no tratar de materializarlas ó razonarlas, para adaptarlas en este mundo.

Así sucedió con Cristo, él no estimó el ser igual a Dios como algo a que aferrarse, porque sabía que al materializarse podría fluir en el poder concedido a los hombres por medio del Espíritu Santo, pero no en el estado original, divino y eterno que tenía antes de su encarnación, por lo que se despojó de su gloria y se hizo semejante a los hombres y estando en esa condición se humilló para depender de Dios (Fil. 2:6).

Jesús, sin embargo, desarrolló su vida en el mundo con la capacidad de ver en lo invisible, por lo que sus reacciones no podían ser manipuladas por el mundo natural, sino más bien por la realidad invisible. Es así como podemos ver a un Jesús durmiendo en la barca en medio de una tempestad, justo cuando la gente grita de miedo y luego lo vemos llorando y sufriendo en Getsemaní mientras todos dormían. Esto parece una locura: ¿Cómo es posible que duerma, cuando todos gritan de miedo y llore, cuando todos duermen y descansan? Es sencillo, Jesús dependía de una realidad que estaba más allá de este mundo, su estado de ánimo era sacudido por el reloj celestial, no por los acontecimientos terrenales. Es esto lo que hace del hombre natural un instrumento poderoso de transformación, capaz de desafiar a toda la realidad visible.

LA LEGALIDAD Y LA FE.

Solo lo que es legal tiene autoridad genuina en un reino, por esta causa la fe es el vehículo por el que se mueve la autoridad espiritual, ya que ella accede a lo invisible y se establece sobre las verdades eternas.

El propósito de que seamos instrumentos de autoridad en el Reino y que nuestras palabras sean espadas que cortan la adversidad y establecen el orden divino, no tiene que ver con nuestro recorrido ministerial, ni nuestros cursos teológicos, no procede de nuestra manera de vestir o de hablar, ni se fundamenta en nuestra reputación humana, o en nuestra posición social. La autoridad que representa al Reino de Dios tiene fundamento en la legalidad de los decretos, es decir: Solo cuando nuestra relación con el Espíritu produzca en nosotros la capacidad de ver y oír en la dimensión sobrenatural por medio de la fe, y conocer lo que se decreta y autoriza en los cielos, nuestros decretos serán tan poderosos que ninguna realidad en la tierra podrá resistirlos.

La fe es la fuente que nos ayuda en nuestra dependencia de Dios, por medio de ella no estamos huérfanos ni solos, pero la fe verdadera que debe desarrollar todo creyente, es aquella que en verdad nos ayuda a depender de Dios, es la que se ha fundamentado en la legalidad, es decir, en lo aprobado, decretado, diseñado y establecido en el Reino celestial; de lo contrario desarrollaremos un fundamento para nuestros conceptos, fuera de los principios originales, lo que traerá como consecuencia, obstinación, desorientación, religión y estorbo a la obra de Dios. Eso no es fe, eso es religión.

Cuando pasamos años fortaleciendo conceptos y depositando nuestra confianza en ellos, sin asegurarnos de que son la verdad original que procede de Dios, corremos el riesgo de convertirnos en los próximos enemigos de Dios, cuando él desee restaurar las cosas presentes y llevarlas al estado del diseño original. Esto sucederá porque los años que dedicamos a fortalecer nuestra posición conceptual talaron tan profundo en nuestra conciencia que nos imposibilitaron para una transición futura, cubrieron nuestro juicio con arrogancia, para que nuestras fortalezas religiosas no fueran penetradas con facilidad. Solo el arrepentimiento genuino puede ayudarte a basar tu fe en las cosas de arriba y no en las de la tierra, para que tu capacidad de ver en la dimensión de Dios se restaure y la legalidad de tus palabras refleje la autoridad y la justicia de Dios.

CAPÍTULO 14

EL **PRINCIPIO** DE LA **FUENTE**

Así también ninguna fuente
puede dar agua salada y agua dulce.
(Stg. 3:12)

El poder externo de nuestras palabras está basado
en la pureza interna de nuestra fuente.

La fuente es el origen de todo. Dios es la fuente eterna de toda la existencia, pero en cada hombre también existe una fuente donde Dios deposita su semilla y desde donde ejercemos la verdadera autoridad espiritual. Es esta fuente la que nos ocupa en este capítulo, en él descubriremos el poder que fluye desde nuestro espíritu por medio de nuestras palabras.

Nuestras palabras determinan lo que somos, por medio de ellas se revela nuestra verdadera naturaleza, porque las palabras mismas proceden de su fuente, la cual provee declaraciones y sentencias que describen con claridad nuestra esencia.

Porque de la abundancia del corazón habla la boca.
(Mt. 12:34)

Existen dos fuentes radicales para nuestras palabras y una fuente intermedia, las dos radicales son: el Espíritu Santo, quien da testimonio a nuestro espíritu y Satanás, quien promueve por diversos medios errores y paradigmas fuera de la voluntad de Dios. La fuente intermedia es nuestro intelecto ya que nuestro razonamiento se alimenta de ambas fuentes, es decir, podemos ser espirituales o carnales en dependencia de qué fuente escogemos para alimentar nuestro entendimiento. La respuesta sobre qué fuente ejerce influencia sobre nuestro pensamiento es precisamente la manera en que hablamos, nuestra palabras testifican de nuestra posición y convicción.

El Espíritu Santo como agente proveedor de la revelación es quien trata con nuestro espíritu por medio de diferentes canales. Estos son:

1. Su voz audible.
2. Las escrituras.
3. Las profecías.
4. Los sueños
5. Las visiones.
6. Otras que la inagotable sabiduría de Dios provea.

Todos estos canales son parte del proceso de la revelación que ocurre por el trato del Espíritu Santo con nuestro espíritu, y es precisamente a partir de estas convicciones en nuestro espíritu que nuestras palabras expresan lo que tenemos.

La otra fuente que provee palabras es aquella que provoca Satanás por medio de su influencia en los sistemas del mundo, los cuales proponen paradigmas de conducta y diversos estilos y modelos que están fuera del plan de Dios. Dentro de estas diversas formas podemos encontrar también la religión. Estas informaciones que invaden día a día nuestro intelecto son los dardos que utiliza el infierno para proveernos de palabras que reflejen las convicciones torcidas que estos paradigmas propagan. De manera que aunque deseemos evitar esta confrontación, es imposible, porque nuestra manera de expresarnos dirá a qué influencia respondemos y bajo qué gobierno nos encontramos viviendo.

Reinos y palabras

Las palabras forman parte inseparable del inicio de la existencia, por medio de ellas se dio lugar a todo lo que vemos. El libro de Génesis declara de forma sorprendente que en la medida que Dios emitía palabras las cosas se formaban de forma inexplicable en el universo, fue así como las palabras pasaron a ser parte importante de nuestro mundo. Y fue la misma Palabra la que se encarnara para establecer la manifestación del Reino conocida en el Nuevo Pacto.

Jesús introdujo enseñanzas sin precedentes acerca de las palabras:

> *Más yo os digo que de toda palabra ociosa que hablen*
> *los hombres, de ella darán cuenta en el día del juicio.*
> (Mt. 12:36)

> *Porque de cierto os digo que cualquiera que dijere*
> *a este monte: Quítate y échate en el mar y no dudare*
> *en su corazón, sino creyere que será hecho lo que dice,*
> *lo que diga le será hecho*
> (Mr. 11:23)

> *Si permanecéis en mí y mis palabras permanecen en*
> *vosotros, pedid todo lo que queréis, y os será hecho.*
> (Jn. 15:7)

> *Y con la palabra echó fuera a los demonios,*
> *y sanó a todos los enfermos*
> (Mt. 8:16)

Durante el ministerio de Cristo el Reino de Dios se establecía por medio de sus palabras, pues el Reino de Dios se establece por medio de declaraciones que provienen de la fuente original del Espíritu. El uso de estas declaraciones provoca la extensión y establecimiento del Reino de Dios; Jesús dijo:

> *Y yendo, predicad, diciendo: El reino de los cielos*
> *se ha acercado.*
>
> (Mt. 10:7)

La declaración y el anuncio es indispensable para el establecimiento del Reino, nuestras palabras pueden traer el Reino de Dios a nuestras vidas y a la vida de otros, o estorbarlo, en dependencia de cómo hablemos.

De igual manera nuestras palabras pueden dar lugar al reino de Satanás, ya que nuestras palabras son esencialmente autorizo y legalidad para la influencia de ambos reinos, sea el Reino de Dios por medio de nuestras palabras de fe, o del reino oscuro por medio de maldiciones o palabras necias que oscurecen nuestras vidas. Pero debemos saber que nuestras palabras dan legalidad a la influencia de ambos reinos. De manera que debemos tener cuidado de qué fuente obtenemos nuestras palabras.

Muchos matrimonios suelen ser víctimas de sus propias palabras. Ejemplo: Si un matrimonio comienza una pelea y el hombre dice: "Si me hablas así nuevamente, te voy a matar", esta palabra es ilegal en el Reino de Dios. Sabemos que matar es un pecado, por lo que sin saberlo estamos dándole cobertura legal a espíritus de las tinieblas que vendrán a recordarnos nuestra declaración, y a mostrarnos cómo podemos hacerlo, por tanto debemos tener cuidado de qué palabra desatamos, porque ellas pueden provocar opresión espiritual en nuestras vidas.

Todo está en la fuente: si es Dios quien provoca nuestras palabras, el Reino de Dios será extendido por medio de ellas, pero si ha sido el infierno quien las provoca por sus diferentes vías, las tinieblas harán nido en nuestros corazones.

El peligro de una mente mal entrenada

El proceso al que se somete la palabra que saldrá por nuestra boca es el siguiente:

1. Se observa el objetivo: Los ojos.
2. Se consulta un criterio: La mente.
3. Se expresa un juicio: La boca.

Es este proceso el que puede corromperse justo en el punto intermedio, debido a que generalmente podemos ver lo mismo, pero al consultar el criterio de nuestro intelecto, nuestra mente puede extender un razonamiento errado si antes no ha sido entrenada por el Espíritu para obtener palabras que extiendan el Reino de Dios y no reproduzcan la ideología del sistema de Satanás. Es ahí donde muchos creyentes emiten sentencias que provienen de paradigmas que se establecen en su mente, pero no de la verdad que proviene de Dios. La verdad solo puede recibirse por la fe en la revelación de la Palabra por medio del Espíritu. Sin embargo, nuestra mente puede estar invadida por razonamientos y enseñanzas humanas que pretenden dominar nuestras declaraciones, porque estas concepciones ya han sido aprobadas y bien recibidas en nuestro entendimiento, las vemos como verdades y buenas opiniones, cuando son en realidad desvíos sutiles de la verdad absoluta de Dios.

Una mente con tales características es una mente mal entrenada, o mente independiente. ¿Por qué? En realidad nuestra mente debe ser influenciada por la acción sobrenatural del Espíritu Santo, que se desprende de nuestro propio espíritu, es decir, el espíritu humano tiene la capacidad de dotarnos de una mente espiritual. Mas cuando renunciamos a la acción del Espíritu y dependemos de nosotros mismos, nos declaramos independientes, libres para pensar y desarrollar nuestro intelecto como queramos, decisión que desarrolla la mente humana para producir lógica, razonamiento y argumentos incontables. Esto sucede porque el hombre ha convertido la mente en la fuente, ignorando la realidad espiritual.

Y como ellos no aprobaron tener en cuenta a Dios,
Dios los entregó a una mente reprobada,
para hacer cosas que no convienen.

(Ro. 1:28)

La mente reprobada es literalmente un razonamiento que aprueba y confirma lo que no es correcto, es decir: a lo bueno llaman malo, y a lo malo, bueno. Si las palabras parten de una fuente semejante, jamás experimentaremos la vida y el poder de Dios.

Loros del infierno

El fenómeno más terrible que produce una mente errada es la influencia que ejerce sobre las palabras de quien la posee, ya que sus declaraciones serán siempre una reproducción del esquema mental que le domina. Este género tiene una mente inclinada hacia la ideología que Satanás ha querido implantar sobre el mundo, sea social o religiosa, por tanto, es receptor de todo lo malo, pero mal aprendiz de lo bueno. Incluso, definir lo bueno y lo malo es imposible para esta generación. Para esta especie es natural publicar lo malo con la misma convicción que lo hace quien defiende la verdad de Dios.

Lamentablemente, muchos se comportan como loros del infierno, porque no tienen reparos en repetir de manera literal, todo cuanto el modelo errado de Satanás sopla en sus oídos. Este es el estilo de vida del mundo y también de todo aquel que no dependa del Espíritu Santo. Sus palabras son influenciadas por el sistema de corrupción que les rodea, a causa de sus letárgicas vidas religiosas, las cuales están llenas de letra pero carentes del poder sobrenatural del Espíritu del Dios vivo.

He visto muchos creyentes que no están preocupados por la procedencia de sus criterios, más bien se complacen con saber que dicen lo que sienten, que son supuestamente sinceros, con eso tienen más que suficiente para justificar cualquier palabra, en definitiva, puede sonar mal pero están diciendo lo que piensan. A simple vista esta justificación parece correcta, pero el ser sinceros no nos libera de la responsabilidad que tenemos ante Dios de emitir palabras de bendición, pues en nuestra supuesta sinceridad podemos estar enlutando la vida de otros y esto no tiene justificación alguna; pues en medio de nuestra transparencia humana se pueden liberar palabras de confusión y maldición

A Dios le interesa que aprendamos a desarrollar una mente renovada por el Espíritu, antes de que aprendamos a decir lo que sentimos.

Si vamos a repetir lo que oímos, será mejor aprender a oír al Espíritu y repetir sus palabras, antes de ser loros del infierno, o repetidores de nuestras propias concepciones, propagando veneno y daño por doquier.

Los loros del infierno creen ser personas sinceras que dicen lo que piensan, pero en realidad solo son títeres del mal esparciendo el veneno del diablo por medio de sus palabras. Creen ser personas justas, pero son solo instrumentos que desatan la necedad que Satanás ha sembrado en sus vidas por medio de sus paradigmas, es así como hieren, lastiman y dan legalidad a las fuerzas del infierno para que operen en sus vidas y la vida de otros.

Nuestras Palabras deben promover el Reino de Dios y no dar legalidad al infierno, todo lo que recibimos en la mente no podemos desatarlo por nuestra boca, a menos que provenga de Dios. No debemos actuar como loros, debemos filtrar los pensamientos que proceden de nuestra realidad, a fin de comprobar si son justos y glorifican a Dios. Solo aquellos pensamientos que discernimos que pueden edificar el Reino deben ser expresados por la boca, los demás deben manejarse con mucha sabiduría.

FUENTES CONTAMINADAS

La naturaleza humana fue tan deteriorada en su caída que los principios más elementales de la pureza son ignorados en ella. El testimonio de la creación de Dios nos ayuda a comprender que un árbol que da manzanas no puede dar peras al mismo tiempo, y que un manantial de agua dulce, no da agua salada. Este principio es tan básico y sencillo que ni siquiera necesita una explicación, pero el hombre es un caso diferente, pues la misma persona que miente en ocasiones dice verdad, y el mismo que hoy bendice a quien quiere, mañana maldice a quien odia, porque en el mismo hombre convergen todo tipo de sentimientos indefinidos que lo hacen un ser intermedio entre dos deseos.

El hombre de doble ánimo es inconstante
en todos sus caminos.
(Stg. 1:8)

Esta capacidad o debilidad del hombre es a lo que llamamos el fenómeno de las fuentes contaminadas. Esta actitud variable es debido a que el hombre se encuentra en el centro de una confrontación espiritual, es decir, en el centro del blanco de ataque entre dos reinos. Por un lado está el Reino de Dios y por el otro, el Reino de las tinieblas. Dios quiere ganar al hombre, para salvar su alma. La única esperanza que el hombre tiene es permitir al Espíritu Santo que tenga acceso a su espíritu para que sea renovado también en su mente, porque solamente con una mente renovada puede comprobar la voluntad de Dios, agradable y perfecta (Ro. 12:2). En cambio, Satanás intenta torcer cada vez más la mente del hombre, a fin de alejarla de los principios del Reino de Dios y es ahí donde el ser humano desarrolla una mezcla de gustos y preferencias que batallan entre sí.

Este lamentable escenario generalmente termina con la creación de diversos sincretismos que logran mezclar todos estos deseos, construyendo ideologías y religiones humanas, provocando que todo hombre posea una fuente contaminada. Por esta causa, nuestra primera batalla, a fin de llegar a ser discípulos de influencia y autoridad espiritual, es transformarnos por medio de la renovación de nuestro entendimiento, aborrecer toda influencia satánica y crear un lugar limpio y santo para Dios en nuestro ser, a fin de que nuestra fuente sea pura y entera para él.

Cuando tu fuente está contaminada, tus palabras carecen de autoridad delante de Dios, porque por más que desees bendecir a algunos hombres, con la misma boca maldices a otros y eso limita tu influencia espiritual delante de Dios. En cambio, una fuente limpia, libre de influencia satánica, humana o religiosa, es extraordinariamente poderosa, porque únicamente maneja principios y paradigmas que tienen origen en Dios, este fue el caso del general del Ejército de Israel, Josué:

> *Entonces Josué habló a Jehová el día en que Jehová*
> *entregó al amorreo delante de los hijos de Israel,*
> *y dijo en presencia de los israelitas: Sol, detente en*
> *Gabaón; y tú, luna, en el valle de Ajalón.*
> *Y el sol se detuvo y la luna se paró.*
> (Jos. 10:12-13)

¿Cómo sucedió? Sencillamente estas palabras brotaron de un hombre cuya única fuente era la Ley de Dios. En su dispensación, la Ley era la fuente de palabras que todo hombre debería manejar, porque expresaba la voluntad perfecta de Dios, por esta razón se le ordenó:

Nunca se apartará de tu boca este libro de la ley,
sino que de día y de noche meditarás en él,
para que guardes y hagas conforme a todo lo que en él
está escrito; porque entonces harás prosperar tu camino,
y todo te saldrá bien.

(Jos. 1:8)

Esta es la forma en la que Dios purifica la fuente de un hombre, primero le revela su voluntad y luego le ordena que ocupe su mente en ella.

Bienaventurado el varón que no anduvo en consejos de
malos, Ni estuvo en camino de pecadores,
Ni en silla de escarnecedores se ha sentado,
Sino que en la ley de Jehová está su delicia,
Y en su ley medita de día y de noche.
Será como árbol plantado junto a corrientes de aguas,
Que da su fruto en su tiempo,
Y su hoja no cae;
Y todo lo que hace prosperará.

(Sal. 1: 1-3)

Cuando nuestra mente está llena de la voluntad de Dios, nuestra fuente es purificada y nuestras palabras expresan la autoridad de la naturaleza de Dios que mora en nosotros.

LA PURIFICACIÓN ACTUAL POR MEDIO DE LA PALABRA

El Señor Jesús introdujo una nueva revelación para acceder a la purificación interna. Esa revelación se basaba en su Palabra. La Palabra de Jesús tiene el poder de penetrar en lo profundo del hombre y santificarlo, es decir, purificarlo y consagrarlo para Dios.

Santifícalos en tu verdad, tu palabra es verdad.

(Jn. 17:17)

Jesús reveló la necesidad de ser limpios por medio de la verdad de la Palabra viva, la cual tiene el poder de mover los escombros de argumentos humanos, religiosos y diabólicos, insertados en el conocimiento general de toda una cultura. Todo hombre debe ser limpio por la Palabra, solo la Palabra puede preparar al hombre para recibir el Reino de Dios, evitando que esta revelación sea usada para conveniencia de las religiones del mundo, y provocando que fluya en el genuino poder con que se nos manifestó por medio del Señor. La Palabra prepara el camino del Reino, porque limpia la conciencia del hombre llevándolo al arrepentimiento.

Ya vosotros estáis limpios por la palabra
que os he hablado.

(Jn. 15:3)

La Palabra es el agua viva que limpia nuestras vidas y nos hace nacer de nuevo, esta Palabra es Cristo mismo, revelado por el Espíritu Santo en la vida de cada creyente, esa verdad inerrante nos limpia de obras muertas y nos conduce al arrepentimiento de todo paradigma que contamina nuestras palabras.

EL PODER DE LA FUENTE PURA

Si permanecéis en mí, y mis palabras permanecen en vosotros, pedid todo lo que queréis, y os será hecho.

(Jn. 15:7)

El poder de nuestras palabras es el reflejo de nuestra pureza interna. Demasiados creyentes dicen ser siervos de Dios pero viven atados, como consecuencia de la fuerte confrontación espiritual que experimentamos durante tantos años. La intervención de Dios neutraliza el poder satánico que nos domina, pero nuestro ser aún arrastra huellas que necesitan ser borradas. Muchos creyentes continúan la marcha, sin preocuparse por tratar estos trastornos que a la postre se revelan para oscurecerles y entorpecerles el camino. Esas huellas pueden ser rechazo, falta de perdón, envidia, maltrato, falta de identidad, lujuria, ataduras sexuales, etc. Este libro no pretende tratar estos conflictos a profundidad, pero sí debo decirle que es urgente ser liberado de tales ataduras, porque ellas contaminan nuestra fuente de palabras y nuestras palabras serán siempre un reflejo de lo que hay en nuestro interior.

Ser confrontados por el Espíritu no debe tomarse como un mala experiencia, todo lo contrario, esa es nuestra mayor oportunidad. Solo cuando la santidad de Dios se manifiesta, es revelada nuestra miseria y carnalidad. Si el Señor nos ignora y nos permite continuar sin ser resistidos ya no existe remedio para nosotros por más que persigamos las buenas obras y nos aferremos a las tradiciones religiosas. Definitivamente, no estamos capacitados para autopurificarnos, solo Dios tiene ese poder. Lamentablemente, la religión posee otros mecanismos de autosatisfacción que pueden hacerle sentir al hombre conformidad una vez que siente que ha cumplido con lo que su tradición exige, pero estos métodos no purifican realmente al hombre, solo les revisten de autorrealización momentánea.

La única forma de ser realmente limpios es santificándonos en el poder de la Palabra de Dios. *Santifícalos en tu verdad, tu palabra es verdad* (Jn. 17:17). Santificar significa: Separar, dedicar, especializar. Esto nos dice el verdadero propósito de la Palabra de Dios, el cual es remplazar toda lógica humana por las verdades eternas, y fundamentarnos sobre el conocimiento pleno del corazón de Dios. Solo así el poder se manifiesta.

TERCERA PARTE

DESENMASCARANDO
A LOS ENEMIGOS DE LA
PALABRA

*Existen figuras religiosas que aparentan espiritualidad,
pero no son mas que disfraces para controlar y
manipular la autoridad divina en medio
de la iglesia.*

CAPÍTULO 15

EL **ESPÍRITU** DE **AHITOFEL**

Y el consejo que daba Ahitofel en aquellos días,
era como si se consultase la palabra de Dios.

(2 S. 16:23)

Cuando la iglesia sobrevalora el conocimiento
y menosprecia la Palabra y la dirección de Dios,
el espíritu de Ahitofel aparece para dominar
y manipular a los líderes.

Existió una época donde el reino de Israel deseó demasiado el modelo de los reinos impíos y decidió transitar de la guianza, la dirección y la amonestación de un profeta que habla con Dios, a la dinastía de los llamados consejeros reales. Estos hombres eran conocidos por su experiencia, conocimiento y sagacidad para ver soluciones y plantear estrategias a seguir. A los consejeros reales se les confiaba la tarea de decidir en aspectos muy difíciles y conflictivos. Sobre sus hombros recaía la responsabilidad de trazar un camino a seguir y las decisiones a tomar. Israel, en la época final del rey David, comenzó a modernizarse y perdió el uso de los profetas y abrazó el apego al conocimiento. Ahitofel fue el consejero de David, fue quien dio inicio a esta dinastía, quien vio pasar de largo la era de los profetas al servicio del rey, y marcó una etapa donde el consejo y el conocimiento eran lo más importante y apreciado.

Durante una época los profetas estaban al lado del rey, solo así el pecado podía ser mostrado, solo de esta manera podía existir arrepentimiento, solo de esta forma Dios podía redimir y bendecir a Israel, pero un día esto dejo de pasar, y surgieron hombres como Ahitofel, con sagacidad, conocimiento humano, habilidades para manipular y engañar al pueblo. Es lamentable, pero cuando la iglesia deja de entender lo importante de la revelación de la Palabra de Dios y cree que todo está en el conocimiento, el espíritu manipulador de Ahitofel resucita y se apodera de una generación de hombres que hablan de tal manera que parece que Dios habla a través de ellos, y son estos hombres los que terminan hundiendo en la religión, el sectarismo y la mortandad espiritual al pueblo de Dios.

La sutileza de Ahitofel

Ganar la confianza de una corte al punto de representar el consejo y la dirección de todo un reino, no es algo que se obtiene así no más. Ahitofel trabajó de manera sigilosa, se esforzó durante años socavando lentamente las costumbres de la corte, la manera de comportarse, la forma en que se habla, lo que se sabe, lo que se ignora, la mejor estrategia para impresionarlos, y es muy probable que aprendiera el modo de hablar parar que creyeran que Dios hablaba a través de él.

Como ya sabemos, el espíritu de Ahitofel resucita, aparece, se manifiesta cuando la iglesia ha decidido dar paso al conocimiento y a la capacidad humana para ponerla en sustitución de la Palabra y la orientación profética de Dios. En este instante surgen inmediatamente todo tipo de personajes habilidosos y bien adiestrados en las múltiples metodologías de impresionismo religioso, todos con una supuesta apariencia de rectitud, con ansias de imponer un aparente y desesperado orden; todos tratan de justificar sus drásticos métodos con la idea de que la iglesia necesita a alguien que ponga mano fuerte y traiga disciplina. Es así como Ahitofel consigue seguidores, por una parte están los que creen que realmente él es quien podrá poner en cintura la falta de disciplina del pueblo, y por otra parte están los que se convierten en clones de su naturaleza para sacar provecho a la imagen más influyente del momento y así conseguir escalar en los puestos más importantes de la corte.

Ahitofel es el típico personaje que domina a la perfección todo cuanto a las metodologías, reglamentos, leyes, y costumbres se refiere, hasta convertir a todo el que le rodea en centro dependiente de él, en primer lugar, consigue que todo tenga que ser supervisado por su filtro. Pero lo más terrible es que Ahitofel tiene la asombrosa habilidad de esconder esta identidad tras una apariencia de siervo íntegro y recto que no tolera la injusticia, porque en muchas ocasiones el espíritu de Ahitofel se manifiesta en hombres que su conciencia primaria no sabe reconocer la presencia del espíritu, aunque responde a sus intereses de control y manipulación. Deseo que entienda que hay mucha gente que se levanta en medio de la iglesia para gobernar y para imponer sus propias reglas, pero ellos mismos son víctimas porque ignoran lo que sucede en sus vidas, pues para ellos mismos hacen todo como si en verdad Dios necesitara de su mano fuerte para poner orden en las cosas, pero en la mayoría de los casos, los Ahitofel son personajes calculadores y con una habilidad experimentada en ocultar sus verdaderas intenciones.

AHITOFEL APARTA EL OÍDO DEL HOMBRE DE LA PALABRA DE DIOS

Ahitofel llegó a tener tanta influencia, tanto prestigio, y tanta credibilidad en medio del reino, que se llegó a decir que consultar su consejo era como consultar la Palabra de Jehová (2 S. 16:23). Esto no se ha dicho de nadie más, así que podemos imaginar el nivel de influencia que tenía Ahitofel en su tiempo. Este hombre era visto como un instrumento de Dios, sin serlo; fue catalogado como un profeta, sin ser llamado; como un estratega, sin orientación divina; como un gobernante, sin reino; como un líder y Señor. Es impresionante que todo esto se consiga únicamente a base de habilidades y manipulación humana.

Lo más terrible es que Ahitofel opacó la importancia de oír la Palabra de Dios sustituyéndola por el conocimiento de un consejo. Por eso Ahitofel es un enemigo de la Palabra de Dios, porque aparta el oído de los hombres de la fuente original y les hace creer que él tiene el conocimiento que ellos necesitan.

La principal plataforma de Ahitofel es su influencia, él se yergue como un paladín de la justicia, la nobleza, el conocimiento, la experiencia, la excelencia y la verdad, y desde su posición le hace creer a todos que su figura es el mejor modelo que pueden seguir. Mucha gente se une a Ahitofel, porque saben que él puede manejar los enredados métodos de la corte y lidiar con la hipocresía del palacio, como si nada pasara. Todos saben que es un depredador que sobrevivió en un escenario de fieras sangrientas y hambrientas de poder, mas ahí está, erguido y venerado. Por esta causa su modelo pasa a ser deseado y seguido por muchos. Es esta figura la que hace creer que cualquier cosa que Dios dirá él la conoce y la sabe con anterioridad, es este personaje el que le niega a la iglesia la libertad de hablar con Dios y se pone en sustitución de la inseparable relación personal de Dios con sus hijos para manipularlos y apartarles de su presencia.

El orgullo de Ahitofel

La principal arma de Ahitofel es su arrogancia, su orgullo prepotente es quien le hace aparentar fortaleza y seguridad en todo lo que hace, aunque a conciencia sepa que está fuera del modelo de Dios. El orgullo de Ahitofel es el motivo por el que disfruta el lugar donde se encuentra, y no resiste ser ignorado.

En 2 Samuel 17:23 se ve a un Ahitofel destrozado, arruinado, desilusionado, reducido a nada, montado en un asno con la vida hecha pedazos, que apenas llega a su casa para colgarse y morir miserablemente. ¿Qué sucedió? Simplemente la corte decidió seguir otro consejo y no el de él. Si el orgullo es su mayor arma, pero también su mayor debilidad, Ahitofel no resistirá vivir y obrar bajo la visión de otra persona, jamás se someterá a un modelo que no surja de su brillante mente. Esta es la razón por la que Ahitofel necesita hacerle creer a la gente que su palabra es la orientación de Dios para así hacer permanecer su diseño y su consejo. Primero construye pequeños reinos, donde impone un orden y luego se extiende lentamente hasta establecerse en la corte.

El orgullo de Ahitofel es como una fiebre, como una gangrena que se extiende por el cuerpo sin piedad, el modelo prepotente de Ahitofel es tan seductor que la gente lo acoge rápidamente y escuda tras él una aparente figura de autoridad religiosa y eclesiástica, cuando solo son miserables títeres de un maléfico espíritu que obra para desplazar la voz de Dios y alzar la de los hombres carnales.

Hoy, hay muchos presos de ese espíritu infernal de prepotencia y autosuficiencia, es triste que las personas sean fácilmente movidas por esa inmunda manera de vivir. Sus rostros, sus palabras, sus acciones, solo trasmiten desprecio por aquellos que no se encuentran a su altura, creen realmente que dominan, que son la cabeza de la iglesia, cuando no saben que en el reino solo hay un Señor y un Dios todopoderoso. Esta gentuza que cree tener a Dios tomado en el puño de su mano, cuando en su presencia son polvo y trapo de inmundicia, son precisamente los que menosprecian a aquellos que escuchan a Dios; son los que juzgan de inseguros e inestables a los que tienen una relación personal con el Espíritu Santo; son los que dicen que Dios ya no habla y que su dirección ya no es necesaria, que ser guiado por el Espíritu es una inmadurez y que leer y estudiar es todo lo que nos queda. No me sorprende que tan miserables y débiles argumentos procedan de tales personas que no conocen otra autoridad que su propio orgullo y apariencia personal.

Si eres o te consideras un amigo del Espíritu Santo debes renunciar al espíritu de Ahitofel, debes ser humilde y sencillo de corazón (Mt. 11:29). Debes dejar que Dios dirija y guíe tus pasos en todo momento, para que conozcas su voluntad.

El espíritu de un verdadero discípulo

El verdadero discípulo de Cristo debe entender que la relación personal con el Espíritu Santo es el paso más importante en un saludable proceso de discipulado, pues es imposible que nuestras vidas sean renovadas y transformadas a la imagen del Señor si antes no nos sometemos a la influencia sobrenatural del Espíritu Santo. Esta es la realidad que debe vivir la iglesia presente, esto es lo que se ha esfumado de la vida de la iglesia, la gente estudia, pero sus estudios no acaban en una relación con Dios, porque ya tienen quien dirija sus vidas, porque ya pretenden saber todo, porque no conocen lo que significa arrepentimiento y humildad, porque no saben entrar en la escuela del Espíritu y aprender de él. ¿Por qué? Porque el espíritu de Ahitofel todavía se mofa de ser la Palabra de Dios, de ser el conocimiento teológico exacto, de exhibir la tradición correcta, pero muy pocos tienen el valor de oír a Dios y seguir su voluntad. El estudio de las Escrituras es solo el primer paso en un proceso de discipulado exitoso, cada discípulo debe conocer personalmente al Espíritu Santo para que él le dirija, le hable, le guíe y le transforme a la imagen de Cristo.

El Espíritu Santo es la influencia que provoca en el creyente un verdadero espíritu de discípulo. El creyente que conoce al Espíritu Santo sabe que antes de exhibir cualquier título o función lo más importante es ser un verdadero discípulo, ninguna función o cargo puede ser mayor que la de ser un discípulo renovado a la imagen de Cristo, este verdadero espíritu de discípulo es el único que puede vencer al espíritu de Ahitofel, pues, como ya sabemos, los cargos y posiciones no pueden hacerlo, todo lo contrario; una persona que escaló a cierta posición sin antes ser un verdadero discípulo renovado a la imagen de Cristo corre el enorme riesgo de ser un reproductor del modelo prepotente y diabólico del espíritu de Ahitofel. El creyente debe conquistar una relación personal y estrecha con el Espíritu Santo, debe amar el hablar con Dios y ser dirigido por él, porque solo el consejo de Dios, solo su dirección personal al corazón de un verdadero discípulo, puede destruir la influencia de Ahitofel.

Un verdadero discípulo conoce la voz de Dios, sabe cuándo le ha hablado, y sabe discernir la Palabra que se oye. Solo un verdadero discípulo puede desenmascarar y confrontar el espíritu de Ahitofel, solo los que tienen una relación con Dios real pueden atreverse a dar la espalda a este espíritu manipulador y decidir seguir la voluntad de Dios aunque la mayoría respalde a quien posee una mayor posición, influencia y reputación religiosa. Los discípulos verdaderos saben seguir a Dios por caminos donde nadie antes ha caminado, por donde otros han fracasado, solo porque están seguros que Dios les ha enviado. Solo un verdadero discípulo conoce realmente a Dios, mientras los demás solo han oído hablar de él y estudiado todo respecto a su persona, pero sin conocerle ni oírle jamás.

Si estás leyendo este capítulo debes saber que no es casualidad, de seguro necesitas confrontar la influencia de este espíritu en tu vida, y desarrollar el espíritu de un verdadero discípulo de Cristo, renovado y transformado a su imagen de humildad e integridad. Solo así nos libraremos del ansia innata de establecer nuestras concepciones y tradiciones en sustitución de la Palabra de Dios y olvidar el hábito sagrado de oírle y obedecerle a él en todo.

El Espíritu de Ahitofel crece hoy en la iglesia, demasiadas personas se levantan para ser la voz que todos deben oír, para juzgar de falsa toda enseñanza contraria a la suya e imponer sus tradiciones y conceptos por encima de todo. Los Ahitofel de hoy dicen defender la sana doctrina, dicen proteger la iglesia, pero, en realidad, se niegan a la voluntad de Dios, y detienen con injusticia la verdad, porque lo que de Dios se conoce, es manifiesto, pues fue Dios quien lo reveló, pero ellos deciden resistirlo, para hacer permanecer lo viejo de los hombres, las tradiciones y concepciones ancestrales de la iglesia. A ellos no les conviene lo que Dios hace, no les gusta que Dios decida mover los fundamentos tradicionales, no les complace que Dios levante gente de la nada para usarlas como él quiere, no resisten ser confrontados y resistidos, no soportan reconocer que Dios está haciendo algo nuevo y que definitivamente se lo están perdiendo, así que por nada darán crédito a lo que Dios hace y que ellos no entienden. Antes fabricarán ambientes de regocijo para decir que Dios está con ellos, y rastrearán toda noticia sensacionalista a costa de los humildes siervos que todavía Dios usa por misericordia para justificar su posición actual, pero jamás Ahitofel se arrepentirá. Por esa causa su único fin es la vergüenza, su único destino es que Dios decida resistir su consejo y termine siendo ignorado por quienes él creyó tener bajo su dominio, solo así Ahitofel suspirará y se rendirá ante la inminente ignorancia de su influencia.

Este es el final glorioso de toda persona presa de dicho espíritu, y no hay otro. Ni Ahitofel ni nadie podrá impedir que la iglesia sea movida por la voz y la dirección de Dios, el destino irremediable de la iglesia es vivir sujeta a la dirección del Espíritu Santo y no bajo la manipulación de hombres carnales.

CAPÍTULO 16

EL **ESPÍRITU** DE **ELÍ**

*El joven Samuel ministraba a Jehová en presencia
de Elí; y la palabra de Jehová escaseaba
en aquellos días; no había visión con frecuencia.*

(1 S. 3:1)

*Donde quiera que haya hombres como Elí,
Dios guarda silencio.*

Si bien es cierto que existe un escenario que resucita o promueve la manifestación del espíritu de Ahitofel, es también cierto que el espíritu de Elí es tan fuerte que es capaz de crear su propio escenario de miseria espiritual.

Elí fue juez y sumo sacerdote de Israel, este hombre tenía la responsabilidad de guiar y representar al pueblo delante de Dios, no se puede decir que fue un hombre impío o malhechor; no podemos afirmar que fuera un avaro o mentiroso, todo lo contrario, su apariencia era de hombre justo y noble, pero su gran debilidad y vergüenza eran sus hijos. Elí carecía de la fuerza y carácter necesario para juzgar con rectitud la conducta de sus hijos.

Podemos catalogar el espíritu de Elí como un propagador de debilidad, tolerancia al pecado, adormecimiento espiritual que se adorna y se esconde tras los atuendos de la posición y el liderazgo. Es un miserable catalizador de parálisis ministerial y de una total y radical sordera. El espíritu de Elí provoca que Dios no hable, pues el Señor no querrá jamás entregar su Palabra y dirección a hombres con tanta miseria e hipocresía, que son capaces de juzgar y matar a su alrededor, mientras toleran, esconden y hasta justifican el pecado de sus propios hijos.

Elí es un enemigo común de la Palabra, pues por más que diga necesitar que Dios se escuche, al final él mismo sabe que no tendrá la fuerza para hacer lo que Dios le diga, pues su aparente fortaleza es solo una apariencia que protege su verdadera impotencia y debilidad espiritual. Elí es un amigo conveniente del silencio, de esta manera no sabrá jamás qué dice Dios y podrá manipular y dirigir a su antojo, mientras no se vea obligado a enfrentar su mayor desafío y debilidad: su hijos.

Elí prefiere los grandes escenarios.

Hoy el espíritu de Elí se ha apoderado de cientos de líderes eclesiásticos, porque debo decir que si bien este es un espíritu que opera en cualquier persona, prefiere los altos puestos de liderazgo, porque su mayor impacto es allí. El espíritu de Elí se apodera de grandes figuras que se ocupan tanto de poner en orden la obra que dirigen, que pierden de vista que sus hijos son parte de esa obra. Por un lado tratan de comprar una imagen para sus hijos estableciéndolos en puestos y en posiciones de liderazgo, para intentar responsabilizarlos y ver si un cargo puede hacer lo que la disciplina y el carácter sólido no ha podido, y por otro lado, les permiten exhibirse libremente mientras todos saben la suciedad de su proceder (1 S. 2:22). Muchos de estos líderes alegan que no pueden abandonar a sus hijos por que estos sean como son, y en eso tienen razón, pero una cosa es abandonarlos y otra muy distinta condecorarlos, poniéndolos en importantes trabajos a la vista de todos. Otros usan la ilustración del padre y el hijo pródigo: con más razón, este pasaje muestra un hijo arrepentido que regresa para someterse al padre, no un padre que busca a su hijo y lo pone a liderar con peste a corral de puerco todavía.

Los hijos de Elí eran sacerdotes de Dios, porque Elí los puso allí, pero Dios no podía sentirse más ofendido, porque no habían hombres en todo Israel que fuesen más miserables e impíos que los altaneros y lujuriosos hijos de Elí. Por esta causa Dios guarda silencio, y como ya sabemos, el silencio de Dios es más peligroso que su juicio. Porque es mejor que Dios nos amoneste a que nos entregue a nuestra propia suerte.

ELÍ NO SABE CIRCUNCIDAR EL CORAZÓN DE SUS HIJOS.

El espíritu de Elí no sabe circuncidar, no conoce el arte de amonestar y sacar fruto de allí, porque se acostumbró a avasallar, a maltratar con palabras duras, a intimidar y manipular, y no conoce otra forma de tratar con los conflictos humanos. Por esta casusa no aplica este método a sus hijos carnales.

En 1 Samuel 1:13-14 vemos como Elí trata a Ana, una mujer angustiada que clama a Dios por misericordia. Elí la reprende y la llama borracha. Y casi la expulsa de la casa de Dios. Aquí está Elí, esta vez sí está resuelto a corregir el pecado como único sabe hacerlo, con groserías. Este hombre no sabe ser un padre, no sabe tocar la herida sin hacer más daño, no sabe poner la mano en la llaga para curarla y no para abrirla, no conoce el arte de amonestar y corregir saludablemente, por eso no lo ha practicado jamás con sus hijos, prefiere ignorar sus pecados y llamarlos buenos muchachos.

Esto no es diferente hoy, cada una de estas características se repite una y otra vez en los líderes principales de la iglesia del Señor, y como por naturaleza, es como si este espíritu alejara la intervención sobrenatural de Dios. Cuando un ministerio u obra ha colocado a líderes con el espíritu de Elí a la cabeza, las generaciones presente y futura lo sabrán. Inmediatamente, comienza a extinguirse lo sobrenatural, se apaga la voz de Dios y se promueve el conocimiento en su lugar, porque Elí representa la debilidad espiritual que ofende la santidad de Dios y estorba la voz y la guianza divina, por esto dice la Escritura que en los días de Elí escaseaba la Palabra de Dios y no había visión con frecuencia (1 S. 3:1).

OTRAS FACETAS DEL ESPÍRITU DE ELÍ.

Recuerde que el salmista David cometió errores con sus hijos muy parecidos a los de Elí, aunque no en toda su extensión, pero su conducta provocó que inmediatamente los profetas fueran cambiados por consejeros. El espíritu de Elí apaga la voz de Dios y hace que esta escasee, porque Dios no se complace en hablar a hombres sin carácter y débiles en la disciplina y la corrección del pueblo.

El espíritu de Elí puede llegar a ser manipulado por Satanás, para complacerse en logros estadísticos, los Elí saben que no podrán conseguir que Dios les respalde sobrenaturalmente, pero se glorían en las cifras y en el resultado cuantitativo del trabajo. De esta forma fue como Satanás llenó el corazón de David para que censara al pueblo y se gloriara en la multitud que le seguía y no en el favor y la misericordia del Dios que le escogió (1 Cr. 21:1).

Esta es la causa por la que el espíritu de Elí se aparta de la Palabra del Señor. La razón por la que la iglesia no logra oír a Dios, el motivo por el que el conocimiento ha venido a ser lo más importante en medio de una iglesia llamada a vivir de forma extraordinaria y a hacer las cosas sobrenaturales. Es la causa de que hemos olvidado lo indispensable de la corrección y la disciplina del Señor. Porque nos hemos apartado de su camino santo, porque hemos cambiado su voz por estrategias, su voluntad por simples programas.

Otra faceta del espíritu de Elí es la forma en que enseña a otros a escuchar a Dios mientras que él jamás lo hace. Esto es muy peligroso, porque el espíritu de Elí puede llegar a pasar a la historia como un profeta viejo, esto lo veremos más adelante. Elí habla de la experiencia, pero no de sus vivencias, sabe que ya no habla con Dios y extraña los tiempos en que sucedía, por esto puede llegar a perseguir a quienes sí tienen Palabra y tratar de estar cerca de ellos, para así calmar la sed insaciable de volver a ser un instrumento de Dios, aunque sabe que ya Dios no dispone de él.

Elí y Samuel, dos generaciones opuestas.

Elí representa el ministerio que surgió por los canales adecuados, que llegó a la cima por las vías correctas, que se estableció por la ruta tradicional y aprobada por los hombres, en cambio, Samuel es la generación que hereda el ministerio sin pertenecer a la línea genealógica, sin que pasara por los cánones tradicionales o promoción humana. Samuel es la generación que llega al ministerio por puro respaldo divino, es la estirpe de la simiente de Dios que nace en el corazón de los justos, porque los justos pueden estar rodeados de maldad, sin que la maldad llegue a contaminarlos.

Estas son dos generaciones opuestas que por designación divina coinciden sin que la primera afecte a la segunda. Los Samuel de Dios son elegidos y destinados a ser justos y restauradores de los diseños divinos, estos pueden convivir con los Elí, y aprender de ellos el oficio del ministerio, sin que la semilla de corrupción llegue a contaminarlos.

Samuel es el ejemplo vivo de quien no tiene reparos en amonestar cuando es necesario. Las Escrituras registran la forma en que Samuel profetiza a Saúl, lo unge y establece, mas sin embargo esto no fue impedimento para amonestarlo cuando fue ordenado por Dios. Samuel no es grosero, ni un intimidador a la hora de amonestar, por esto difiere mucho de Elí. Samuel sabe cómo amonestar con santidad y amor, sabe cómo decir la verdad, y cómo llorar por quienes han pecado (1 S. 16:1).

El espíritu de Samuel es el único antídoto contra el espíritu de Elí, por esta causa, siempre que surjan líderes con la influencia del espíritu de Elí, Dios levantará hombres con el espíritu de Samuel. Si Elí es juzgado por Dios y retirado del poder, Samuel crecerá inmediatamente y se establecerá como orden profético, pero si Elí permanece en control por acuerdo de los hombres, los Samuel permanecerán en el anonimato, aunque esto no será un impedimento para que Dios les dé Palabra.

De manera que Dios levantará una generación que regresará con la integridad, la santidad y la rectitud de Samuel. La cual sucederá a la ola de corrupción eclesiástica que se propaga cada vez más en el mundo. Esta generación no luchará por el poder, ni se aferrará a las posiciones de liderazgo, no tomará para sí la obra de Dios, ni se creerá imprescindible para que todo esté en orden. Los Samuel de Dios confiarán en la revelación sobrenatural y llevaran a la iglesia a depender de la voz y la guianza del Espíritu Santo.

CAPÍTULO 17

EL **ESPÍRITU** DE LOS **PROFETAS** VIEJOS

Entonces tomó el profeta el cuerpo del varón de Dios,
y lo puso sobre su asno y se lo llevó.
Y el profeta viejo vino a la ciudad,
para endecharle y enterrarle.

(1 R. 13:29)

La especialidad de los profetas viejos
es diseñar cementerios ministeriales.

El diseño de Dios es el modelo a seguir y la forma más segura de honrar su voluntad como Rey. Los diseños divinos han sido manifestados a través de la historia, honrarlos ha traído bendición, mas ignorarlos o torcerlos ha provocado repentino juicio sobre quienes lo hacen.

El episodio de los capítulos de 1 Reyes 12 y 13 muestra el escenario de confrontación entre un profeta de Dios y el diseño torcido que había establecido Jeroboam, rey de Judá. Este rey corrupto intentó promoverse por medio de la tradición antigua, por lo cual rescató una de las costumbres más antiguas de Israel, la cual aprendieron en Egipto: estableció dos becerros de oro y por medio de ellos quiso adorar a Dios (1 R. 12:28). Estableció también Jeroboam sacerdotes por turnos, así como lo había hecho David, ordeno sacrificios y fiestas como las ordenadas a Moisés, y separó un día determinado, tal y como lo había pedido Dios en sus mandamientos. Todo se parecía a la voluntad de Dios, pero no era más que un diseño humano. Dios aborreció a

Jeroboam y envió un profeta para que condenara su diseño y proclamara juicio sobre el altar donde ofrecían sus sacrificios.

El profeta de Dios lo hizo todo bien, tuvo el valor de entrar en el reino de Jeroboam y proclamar la Palabra de juicio. Durante su desempeño ministerial fue respaldado sobrenaturalmente, ya que Jeroboam extendió su mano hacia él para que lo capturasen y la mano que extendió se le secó instantáneamente (1 R. 13:4). Luego el profeta oró por él y la mano del rey fue restaurada ante todos los presentes.

El rey Jeroboam hace una invitación de agradecimiento al profeta, pidiéndole que coma y beba con él en su palacio, y el profeta termina su cometido anunciando la última parte de la Palabra que se le había entregado.

> *Pero el varón de Dios dijo al rey: Aunque me dieras*
> *la mitad de tu casa, no iría contigo, ni comería pan,*
> *ni bebería agua en este lugar. Porque así me está*
> *ordenado por palabra de Jehová, diciendo: No comas pan,*
> *ni bebas agua, ni regreses por el camino que fueres.*
> (1 R. 13:8-9)

De manera que su misión no podía culminar mejor, fue comprendida hasta en su negativa pues le dejaron partir pacíficamente (1 R. 13:10). Todo parecía marchar a las mil maravillas, y el profeta jamás esperó que fuera a salir ileso de tal confrontación, pero ahí estaba, Dios le había guardado y se dirigía tranquilamente a su casa. Fue aquí que apareció en escena el peligro que no pudo advertir el profeta.

Puedo imaginarme al profeta marchar hacia su casa, quizás se decía: Gracias Señor, mi Dios por librarme de mano del rey, pero de vez en cuando miraba hacia atrás por si este regente cambiaba de opinión, así como sucedió en la tradicional historia del faraón, y enviaba a sus soldados para apresarle. Mientras se distanciaba comprendía que había sido librado sobrenaturalmente y suspiraba de dicha y agradecía nuevamente, cuando de repente interrumpe su camino el personaje menos esperado para obstaculizar el cumplimiento final de su misión.

Un viejo profeta sale a su encuentro y le pide volver con él, para comer y beber en su tierra, pero el hombre de Dios le responde con las mismas palabras que habló al rey Jeroboam (1 R. 13:11-16). Es entonces que el profeta viejo usa de la habilidad de haber oído a Dios un día y saber cómo suena su Palabra, y fabrica una que parecía ser de Dios, así como el diseño de su reino, pero en realidad solo era un vil y miserable engaño.

Y el otro le dijo mintiéndole:
Yo también soy profeta como tú, y un ángel me ha
hablado por palabra de Jehová, diciendo:
Tráele contigo a tu casa para que coma pan y beba agua.
(1 R. 13:18)

Estas palabras sonaron como palabras reales de Dios, y el profeta consintió en ir sin saber que mientras marchaba, firmaba su acta fúnebre, porque había sido movido a violar la voluntad soberana del Señor por los argumentos de alguien que no tenía autoridad ni legalidad para hablar en nombre de Dios.

Fue así como un hombre de Dios terminó siendo comido por un león y enterrado en la tierra a la que fue enviado para anunciar juicio de Jehová.

El escenario de los profetas viejos

El espíritu de los profetas viejos es habitual encontrarlo donde el diseño de Dios ha sido torcido. Ellos fueron profetas genuinos, pero perdieron la capacidad de oír a Dios, por lo que no saben discernir si lo que les rodea es correcto o no, y permanecen allí sobreviviendo a base de historia pasada, recordando lo que fueron e hicieron durante un tiempo, pero en espera de poder encontrar a alguien que aun experimente la gloria que ellos tuvieron un día.

El profeta viejo puede encontrarse en diferentes escenarios de posición dentro del mismo diseño torcido. Si se encontrara en una escala baja, a niveles familiares, su influencia no será muy ruinosa, pero si el profeta viejo escala grandes posiciones, su influencia puede ser devastadora para las generaciones que experimentan la dirección genuina de Dios.

El profeta viejo es un personaje con apariencia de sabiduría y experiencia, es alguien que supuestamente ha aprendido a encontrar un equilibrio en las locuras del reino, que ya no se conmueve cuando alguien recibe una Palabra de Dios, que cree que tiene una sabiduría que le ha enseñado a ir más despacio y no ser tan agresivo, y, por supuesto cree tener la responsabilidad de guiar a los jóvenes que empiezan ahora, sin que Dios le haya mandado a hacerlo. Por tanto, los profetas viejos crean escenarios donde mucha gente viene para oírlos, para recibir consejos, vienen para estar bajo la supervisión de alguien que sabe cómo funcionan las cosas hace muchísimo tiempo, pero sin sospechar que el escenario de los profetas viejos es el cementerio de los llamados a ser hombres de Dios. ¿Por qué? Porque el profeta viejo te hace analizar, te enseña a calcular, te muestra cómo se razona y te construye una figura religiosa que parece de Dios, pero jamás te enseña a oírlo ni a relacionarte con él, porque no tiene el coraje de revelarte el secreto de depender de Dios y hacer lo que él te dice por encima de todo.

El escenario de los profetas viejos suele convertirse en un cultocentrismo, porque la figura pasa a ser el paradigma a seguir y a obedecer por encima de todo, donde lo que dice Dios solo debe escucharse en sus labios. De esta cantera Dios no extraerá jamás a sus ministros, porque aunque vivan ignorándolo ya están muertos y enterrados bajo la figura de alguien que les impide ver a Dios y relacionarse con él directamente.

Los profetas viejos permanecen en escenarios con diseños religiosos y torcidos porque perdieron la habilidad de transitar con Dios, perdieron la capacidad del Espíritu de poder moverse con Dios en cada temporada nueva que él levanta.

No todos los ministros ancianos son profetas viejos, esto es un error. En realidad, existen muchos ministros adentrados en edad que todavía mantienen vivo el sentido de dependencia de Dios, y son capaces de moverse con él en cada tiempo que levanta y cada movimiento de restauración que protagoniza. El profeta viejo es aquel que se sentó y decidió no ir más allá de la religión que le rodea y pretende detener a los ministros jóvenes e invitarles a quedarse con él.

LA SUTILEZA DE LOS PROFETAS VIEJOS

Algunos profetas viejos suelen ser muy sutiles porque parecen ser amigos de lo nuevo, parecen interesarse por las personas que Dios usa, pero en realidad su verdadero deseo es codearse con aquellos que lucen lo que ellos saben que ya no tienen y en ocasiones usar la figura joven para promoverse a sí mismos.

No toda persona con experiencia es un profeta viejo, porque la experiencia en lo que es correcto es muy provechosa, pero el profeta viejo tiene tres características principales que lo distingue de todos:

1. Ya no tiene nada, solo experiencia.
2. Vive en un diseño extraño, como si nada pasara.
3. Su tesoro solo guarda cosas viejas.

Jesús enseño que un hombre docto en el Reino saca de su tesoro cosas nuevas y cosas viejas. Esto significa que podemos tener historia y experiencia, pero lo nuevo debe fluir también para demostrar que el Dios vivo fluye en nuestro espíritu.

Cuando alguien es muy sabio en lo viejo, pero no sabe nada de lo nuevo pierde autoridad en el Reino para aconsejar a los ministros que crecen.

Un ejemplo claro es el caso de Gamaliel, el erudito que formó al apóstol Pablo en el judaísmo. Este hombre parecía ser muy sabio y respetado, e incluso sus palabras eran equilibradas y no daban por sentado que Cristo fuera un mentiroso, sino que daba oportunidad a las evidencias (Hch. 5:34-39), pero al final, permanecía en su diseño, y no tenía oídos abiertos para la verdad. Cuando Pablo es llamado por Dios, reconoce que fue instruido a los pies de Gamaliel (Hch. 22:3), pero en ningún momento consultó con él para seguir el llamado de Dios. ¿Por qué? Si Dios te revela el diseño de su Reino y vas a consultar el consejo de los que viven fuera de él, no esperes un consejo acertado, ni una felicitación por las decisiones que tomes. Así que en los tiempos de restauración hay que saber a quién ir, con quién unirse y a quién oír. Porque los profetas viejos pueden ser tan sutiles, que aun cuando hayas escuchado a Dios pueden hacerte regresar y enterrarte para siempre en sus diseños torcidos.

Los profetas viejos son muy sutiles, y saben cómo hablar para que parezca que Dios habla a través de ellos, de manera que son enemigos de la Palabra de Dios y todos quienes los sigan perecerán en el juego religioso del oficio.

EL PELIGRO DEL OFICIO RELIGIOSO

El llamado de Dios al ministerio debe ser tomado con la responsabilidad y el temor reverente que su servicio propone, ese respeto y esa sujeción son dirigidas en primer lugar al que nos llama, el cual es Dios. Cuando nuestro servicio eclesiástico es fruto de haber cursado estudios o ser promovidos humanamente, es muy probable que tal servicio se convierta en un oficio religioso, dedicado a proteger los intereses de las organizaciones humanas, pero no a canalizar los propósitos de Dios. Por supuesto, estos ministros, promovidos y respaldados por las instituciones religiosas, son sus pupilos preferidos, porque ellos no representan una amenaza para sus planes; pero cuando alguien ha sido llamado por Dios, cuando su compromiso es con aquel que le llamó y su Palabra refleja la voluntad celestial, tal ministro se convierte en un estorbo y una amenaza para la seguridad de las instituciones religiosas y generalmente termina siendo acusado, rechazado e ignorado.

El oficio religioso es un cáncer en el verdadero llamado al ministerio, es una manera miserable de revestir de religión y tradición a hombres con el título de ministros de Dios, los cuales jamás tendrán el valor de hablar en nombre de los intereses del cielo, porque están afanados por escalar posiciones dentro de sus estructuras humanas y religiosas y se pelean por conseguir mayor influencia. Esas vidas paralíticas y secas jamás oirán a Dios.

El peligro del oficio religioso está en el autoengaño. Es decir: el ministro cree que sirve a Dios, pero en verdad Dios no lo conoce. Es así como pasa toda su vida creciendo en conocimiento, en reputación humana, en reconocimiento y aplauso de la gente, mientras defiende su obra, su organización y su doctrina, hasta convertirse en un ícono de los ministros de su tiempo.

Cuando el oficio religioso nos ha colocado en esta posición nos sentimos con el derecho de interceptar a los hombres de Dios y tratar de hacerlos regresar a donde Dios les dijo que no lo hicieran. Esto fue lo que sucedió en el episodio que tratamos en este capítulo.

El oficio es un sustituto del verdadero llamado, solo que el llamado de Dios es genuino, y el desempeño de un ministro que cumple la voluntad de Dios es un constante desafío; muchas veces incomprendido, rechazado, criticado y difamado. Mientras que el oficio es celebrado, aplaudido, reconocido y sugerido al resto de los ministros. Es así como el oficio es la preferencia de las instituciones religiosas, porque el ministro comprometido con su organización, jamás será un buen defensor de los intereses de Dios.

Los profetas viejos son representados en este tiempo por grandes ministros que consiguieron su reconocimiento gracias a que se aferraron a sus tradiciones, aun cuando el ciclo profético de Dios deslumbraba cosas nuevas, ellos escogieron ser fieles a las tradiciones y las costumbres de sus organizaciones. Esta postura fue entendida por muchos como fidelidad, lealtad, integridad, rectitud y firmeza. Pero no debemos olvidar que todas estas actitudes deben ponerse en función de la Palabra de Dios, no de las tradiciones humanas. Si somos realmente fieles, firmes, íntegros y leales, debemos tener el valor de movernos con Dios, al mismo tiempo que él se mueve.

El oficio pretende sustituir el verdadero servicio a Dios. El profesionalismo quiere ocupar el lugar de la dependencia y la guianza divina. Lamentablemente, demasiados líderes han acabado muertos y secos en esa acomodada y refrigerada vida ministerial.

Hoy se nos abre una puerta que nos permite entender nuestra verdadera responsabilidad ante Dios como ministros suyos, hoy tenemos ante nosotros el reto y la decisión personal de continuar por el camino del servicio y la fidelidad a las tradiciones humanas o asumir la responsabilidad de ser fieles y leales a la voluntad revelada de Dios.

Si eres capaz de entender la importancia de la dependencia del Espíritu, si solo logras comprender el poder que se desata por el hecho de mostrar fidelidad a la Palabra viva de Dios, este día será muy grande para ti, porque nacerás de nuevo y la gracia y el favor divino te moverán a aguas más profundas, donde conocerás el poder sobrenatural que se desprende de la dirección divina.

CAPÍTULO 18

EL **ESPÍRITU** DE **JEZABEL**

A la verdad, ninguno fue como Acab, que se vendió
para hacer lo malo ante los ojos de Jehová;
porque Jezabel su mujer lo incitaba.

(1 R. 21:25)

Los poderes de manipulación jezabélicos
odian por naturaleza el fluir de la palabra de Dios.

Por cada generación que reproduzca el espíritu de Jezabel, Dios traerá de vuelta el espíritu de Elías. La confrontación entre ellos es clásica en el Reino.

Jezabel fue la esposa del cobarde rey Acab, esta mujer, practicante de la hechicería, odiaba a muerte a los hombres de Dios, de manera que mandó a matar a todos los profetas de Jehová en Israel y estableció profetas de Baal en lugar de ellos (1 R. 18:4; 1R. 16:31-33). Jezabel fue una simple mortal, pero en ella operaba uno de los espíritus malignos más peligrosos del reino de la tiniebla, esta entidad opera a niveles de liderazgo y regresa de generación en generación para hacer guerra contra los profetas y los hombres de Dios de todos los tiempos, por lo que este espíritu infernal cuyo nombre real se desconoce, pasó a ser identificado con el nombre del recipiente humano en el que depositó toda su maldad a fin de destruir a los profetas y apagar la Palabra de Dios en la boca de ellos.

Siempre que el espíritu de Jezabel aparece en escena, Dios levanta un Elías que no sucumbe ante sus poderes diabólicos de coacción y manipulación, este es el caso de Juan (*quien preparó el camino del Señor*). Jesús dijo de él:

> *Porque todos los profetas y la ley profetizaron hasta Juan.*
> *Y si queréis recibirlo, él es aquel Elías que había de venir.*
> (Mt. 11:13-14)

Este Elías también enfrentó el espíritu de Jezabel que una vez más se apoderó de una mujer con acceso al poder, como ya es habitual.

> *Pero Herodías le acechaba, y deseaba matarle,*
> *y no podía; porque Herodes temía a Juan.*
> (Mr. 6:19-20)

Herodías fue la próxima cómplice del espíritu de Jezabel, ella llegó a ser mujer de Herodes por medio de una unión ilegal, pues antes era la mujer del hermano de Herodes (Mr. 6:17-18), no es difícil darse cuenta de que detrás de todo esto hay una historia de seducción y control, pero aun así quería permanecer allí para poder ejercer su dominio diabólico y manipulador, por lo que desarrolló un odio profundo hacia el profeta de Dios que denunciaba su pecado.

La batalla entre el espíritu de Jezabel y el espíritu de Elías no acabará hasta los tiempos finales, de manera que cada generación donde Dios levante hombres como Elías, con una palabra, con un llamado y con la manifestación de señales sobrenaturales, el espíritu de Jezabel aparecerá para tratar de resistirlos, desde sus habituales posiciones de influencia diabólica y humana.

La última profecía del antiguo testamento recoge un mensaje extraordinario para nuestra generación, el cual dice así:

*He aquí yo os envío el profeta Elías; antes que venga
el día de Jehová, grande y terrible. Él hará volver
el corazón de los padres hacia los hijos,
y el corazón de los hijos hacia los padres.*

(Mal. 4:5-6)

Esta profecía habla de los tiempos finales de juicio, pero antes anuncia la llegada del espíritu de Elías, el cual traerá restauración en el diseño divino porque no solo estará operando en un hombre, sino que fluirá en la simiente de toda una generación. Todos sabemos que esta profecía se refiere directamente a Juan el bautista, según Lucas 1.17, pero el mismo Juan declaró:

*Y le preguntaron: ¿Qué pues? ¿Eres tú Elías?
Dijo: No soy. [...] Entonces le dijeron: ¿Pues quién eres? [...]
Dijo: Yo soy la voz de uno que clama en el desierto:
Enderezad el camino del Señor.*

(Jn. 1:21-23)

Juan reconoció que Jesús vendría para reproducir el espíritu de Elías que estaba en él, dejándolo como herencia a través del Espíritu Santo. La iglesia actual es una generación profética, que recibe como heredad el poder y el llamado que estaban en el profeta Elías, ya que la vida de este hombre pasó a ser un paradigma en el Reino, así como Jezabel pasó a ser el nombre del espíritu que persigue a los hombres de Dios.

El hecho es que en los tiempos presentes Dios reproduce el espíritu de Elías haciendo que fluya a través de cada creyente, sin embargo, el reino de las tinieblas también encontró la manera de reproducir el espíritu de Jezabel, infiltrándolo, por medio del sistema corrupto del mundo. Cada programa, propaganda, noticias, música, moda, tradición, religión, promueve la influencia de este espíritu, de manera que esta batalla se ha elevado a niveles gigantescos, por lo que se hace necesario preparar a los creyentes para pelear contra esta influencia manipuladora.

LA OPRESIÓN ESPIRITUAL DE JEZABEL
SOBRE LOS PROFETAS

El espíritu de Jezabel es una entidad muy peligrosa que puede llegar a ejercer una opresión extraña sobre los profetas. Cuando los hombres de Dios tienen batalla contra Jezabel, este espíritu opera trayendo confusión, desorientación y temor. Esto le sucedió en primer lugar a Elías. Luego de hacer descender fuego en el altar y matar a los profetas de Baal, cualquiera pensaría que todos los problemas de Elías habían acabado (1 R. 18:40), pero el revés de Jezabel fue una opresión diabólica que provocó que instantes después Elías yaciera en una cueva, queriendo morir y sintiéndose solo (1 R. 19:4). Sin duda esto es obra espiritual de Jezabel, este espíritu sabe cómo enlutar la vida de los ministros. Esta experiencia también la sufrió Juan el bautista. Juan fue testigo de una revelación extraordinaria en el Jordán, en primer lugar ve a Jesús entrar al agua y al momento puede verlo en la revelación del cordero que viene a pagar el precio por el pecado, declarando: *He aquí el Cordero de Dios, que quita el pecado del mundo* (Jn. 1.29), y por si fuera poco, ve abrirse los cielos, y descender al Espíritu en forma de paloma, para luego escuchar la voz del todopoderoso diciendo: *Este es mi Hijo amado, en quien tengo complacencia* (Mt. 3:17). Después de semejante experiencia nadie dudaría de la identidad de Cristo, sin embargo, cuando Juan queda preso por orden de Herodías, el espíritu de Jezabel influyó tanto sobre él que llegó a dudar de todo lo que había visto y mandó a preguntar a sus discípulos diciendo:

¿Eres tú aquel que había de venir, o esperaremos a otro?

(Mt. 11:3)

Semejante pregunta proviene de un hombre confundido, atormentado e inseguro. Este es el estado al que Jezabel le gusta llevar a los profetas, al estado de incertidumbre y temor, a un sentimiento de inestabilidad y soledad. Nuestras generaciones de hombres y mujeres de Dios deben tener mucho cuidado con la influencia de Jezabel, en ocasiones existen poderes humanos que llegan a manipular y controlar la vida de los hombres de Dios, al punto de que muchos, involuntariamente, llegan a perder el denuedo para hablar la Palabra de Dios, por consiguiente se convierten en títeres manipulados y dirigidos por la influencia diabólica de este espíritu infernal.

El hombre de Dios se debe a Dios en primer lugar, ningún compromiso religioso, gubernamental o humano puede anteponerse a su deber como instrumento del Rey de Reyes. Si esto sucede, tal ministro corre el riesgo de convertirse en un pusilánime Acab, con mucha posición, pero falto de valor para intenta cosas grandes, con nada de carácter para hacer la voluntad de Dios.

LA MANIPULACIÓN DE JEZABEL SOBRE LOS LÍDERES

Uno de los propósitos principales del espíritu de Jezabel es tener control, si es posible un control directo, pero, de no ser posible, opta por ejercer un poder manipulador mediante el cual dirige y controla la vida de los que operan en eminencia.

Jezabel utiliza dos vías para ejercer control:

1. Influencia espiritual y diabólica: Jezabel puede ser una mujer, pero aun así puede lograr atemorizar al hombre por la influencia espiritual que le rodea. Esta manipulación, coacción o temor se ve de manifiesto en matrimonios, en centros de trabajo, y hasta en la viña del Señor. Algunas personas aparentemente más débiles ejercen un poder manipulador, que se

sostiene a base de influencia maligna que causa temor en quienes le rodean. Pero esta influencia puede ser aún más sutil, pues en ocasiones, la manipulación proviene de fuentes muy hábiles que pueden disfrazar sus intenciones detrás de supuestas direcciones divinas. En fin, Jezabel opera detrás de figuras influyentes con capacidad para manipular a las personas y moverlas de un lado a otro sin que sospechen sus planes.

2. Influencia seductora: No siempre Jezabel utiliza la misma técnica para manipular, en ocasiones simplemente encanta a sus víctimas con su belleza, impidiéndoles que reaccionen ante sus deseos. Pero la seducción no opera siempre a través de la belleza humana ya que existen otras fuentes de seducción como por ejemplo, el dinero, el carisma y el talento, estas tres fuentes se unen a la belleza para seducir a los hombres y cegarlos antes los efectos manipuladores del espíritu de Jezabel.

Por cualquiera de estas dos vías Jezabel intenta manipular a los que están por encima, su blanco siempre será figuras en eminencia, porque su entretenimiento es demostrar que puede reducir a los reyes a simples títeres y esclavos de sus caprichos. Jezabel busca la cabeza que está por encima de ella, empezando en primer lugar por el hogar, sí, Jezabel primero gobierna su casa por encima de su cabeza y luego llega a dominar amistades y líderes que le rodeen.

Este mal podemos verlo en cualquier sector de nuestra vida social, la seducción, el autoritarismo, la manipulación, son influencias jezabélicas que intentan hacerse partícipes de las costumbres humanas. Lamentablemente también existe en la iglesia, demasiados creyentes que utilizan estas funestas estrategias para conseguir lo que quieren, y lo más triste es que si las cosas salen como ellos esperan, piensan que en realidad ser de esta forma funciona, pero ignoran por completo que conseguir las cosas a base de engaños, manipulación y seducción no es más que un cortejo al espíritu de Jezabel, que pronto estará dirigiendo la vida de tal creyente en próximos desafíos.

El espíritu de Jezabel busca manipular usando la influencia invisible o visible, es decir: puede encarnarse en alguien que intimide y manipule directamente, o simplemente impregnar sus costumbres torcidas en los corazones de miles de personas. Podemos afirmar entonces que este espíritu tiene doble impacto, el primero es convertirte en una víctima y el segundo es convertirte en un cómplice. Tanto las víctimas como los cómplices son en definitiva instrumentos influenciados por un espíritu muy antiguo que se alimenta de la voluntad humana.

El poder seductor de Jezabel

Jezabel alberga diferentes facetas que van desde la hechicería, hasta el control y la manipulación, pero el arma más sutil de Jezabel es su poder seductor. No siempre los instrumentos que el espíritu de Jezabel utiliza tienen lo que se necesita para hacer de la seducción su arma más fuerte, pero generalmente logra capturar recipientes humanos que puedan apoyarse en su apariencia o sus habilidades para lograr sus propósitos.

La esposa de Acab era una mujer muy hermosa y también muy hábil, tanto así que su belleza y habilidad eran el arma más sutil que utilizaba para conseguir todo lo que se proponía. La apariencia sensual de Jezabel era diabólicamente peligrosa, sus encantos paralizaron las costumbres de todo un reino y convirtieron a sus ancianos y profetas en títeres de sus antojos.

La sensualidad es un fruto de la carne, y completamente ajeno a la obra del Espíritu Santo. La sensualidad no es solo erotismo, los sensuales son en general personas emocionales que no saben depender de Dios, y lo juzgan todo por lo que sienten, este tipo de persona puede transitar del más profundo amor al más profundo odio sin ningún problema, pueden ir del sacrifico más grande por alguien a la traición más sucia si sus sentimientos así lo dictan. Tales personas suelen ser muy sutiles, su confusión puede interpretarse como profundidad o carácter firme. El espíritu de Jezabel utiliza la sensualidad para ejercer influencia sobre los seres humanos. La exposición al emocionalismo tiene la capacidad de desatar un torrente de adrenalina y fantasías que atrapan al hombre en falsas ilusiones y lo arrastran fuera de la voluntad de Dios.

Pero la seducción de Jezabel en ocasiones se mueve directamente a través del erotismo, este espíritu se ha apoderado de todo sector en la televisión, la moda y la propaganda en general. Lamentablemente, cada vez son más los creyentes que sucumben ante estos espíritus de manipulación y seducción.

Para derrotar el poder seductor de Jezabel, se necesitan al menos tres características:

1. La Prudencia de Jeú: Este general se había propuesto exterminar a Jezabel y liberar a Israel de su maldad, pero sabía que los encantos de Jezabel podían hacerle daño, de manera que no se sobrevaloró y utilizó eunucos que fueran a su encuentro (2 R. 9:32).

   Esto nos demuestra que la caída ocurre desde la plataforma del orgullo, cuando no somos capaces de reconocer nuestras debilidades podemos ser víctimas de ellas. Lo mejor es saber en qué área somos fuertes y en cuáles necesitamos ayuda para guardar la distancia pertinente frente a aquellas cosas que pueden causarnos daño.

2. La abstinencia de los eunucos: Solo los que desarrollan una santidad inquebrantable ante Dios pueden mirar de frente los poderes jezabélicos de seducción y condenarlos.

Los eunucos fueron donde Jezabel y esta se atavió para seducirlos, pero recibió la sorpresa de que intentaba seducir a los hombres equivocados y llegando hasta ella la tomaron y la arrojaron por la ventana como si fuera alguien más (2R.9:33).

3. La determinación de Jeú: Jezabel cayó justo frente a Jeú, pero este no le dio tiempo a que lo mirara siquiera y con su mismo caballo, la pisoteó para darle muerte.

Con el espíritu de Jezabel no se debe tener contemplación, el hombre de Dios debe evitar el coqueteo o el flirteo con el pecado, su actitud debe ser radical, de lo contrario corre el riesgo de ser víctima de sus artimañas.

Ningún ministro que anhele moverse en lo sobrenatural y experimentar la voz y la guianza del Espíritu Santo, puede ceder a los encantos de este infernal espíritu de seducción, porque tal fascinación adormece el sentido del hombre y lo sumerge en el pecado insospechablemente.

EL ESPÍRITU DE ELÍAS

Sobre el espíritu de Elías hay mucho que enseñar, pero en esta ocasión solo nos vamos a referir a la revelación profética que se desprende de su manifestación en los días del Mesías.

He aquí, yo os envío el profeta Elías, antes que venga el día de Jehová, grande y terrible. Él hará volver el corazón de los padres hacia los hijos y el corazón de los hijos hacia los padres, no sea que yo venga y hiera a la tierra con maldición.

(Mal. 4:5-6)

¿Elías regresa? Esta referencia nos permite comprender la necesidad imperante de la paternidad en el Reino de Dios. Elías fue el instrumento que Dios utilizo para prevalecer ante los poderes oscuros de Jezabel. Aun así, la principal función de Elías estaba por cumplirse, esa función era preparar un profeta que tomara su lugar.

Fue así que Elías halló a Eliseo y lo tomó como discípulo para desarrollar una relación más allá de lo entendido hasta ese momento. Esa conexión estaría marcada por el verdadero espíritu de la paternidad. Elías realizó tres acciones que mostraron esta verdad.

1. Encontró a Eliseo (1 R. 19:19).
2. Enseñó a Eliseo (1 R. 19:21).
3. Le dejo herencia a Eliseo (2 R. 9:14).

Recordemos aquel día en que el Señor arrebató a Elías, Eliseo gritó: *Padre mío, Padre mío… (2 R. 2:12)*. Definitivamente aquella relación estuvo marcada por el espíritu de la paternidad. Esta fue la cualidad que trascendió los tiempos, y aquella que Dios prometiera restaurar. *Él hará volver el corazón de los padres hacia los hijos.*

Elías aprendió una gran lección durante el reinado de Acab y la manipulación de Jezabel. Aquella experiencia le hizo comprender el poder de una influencia que no es paternal. Solo un padre amonesta y cura a la vez, pero quien no lo es, maltrata, hiere y destruye.

Jezabel manipuló y destruyó el liderazgo de Israel, porque no los amaba, sino que los odiaba y buscaba infiltrar la idolatría en el pueblo de Dios. Esa figura torcida segó a la nación y a todos sus varones, trayendo como consecuencia la implantación de un diseño extraño fuera de la voluntad del Señor.

El Espíritu de Elías opera en los principios de la paternidad, por eso tiene la capacidad de reproducirse en otros y heredar lo que le ha sido entregado. Esa es la generación que Jesús protagonizó. Los discípulos del Señor fueron encontrados por él, enseñados por él y luego recibieron la herencia de él, que es su misma naturaleza revelada por el Espíritu. Esa herencia nos hace continuar la misión de Jesús y heredar sus palabras.

Porque las palabras que me diste, les he dado.

(Jn. 17:8)

Si bien Jezabel es el espíritu que persigue a los que hablan la Palabra de Dios, podemos afirmar que Elías es quien preserva la Palabra y deja herencia por medio de ella.

El espíritu de Jezabel sigue tomando terreno en líderes que no quieren oír la Palabra de Dios porque temen ser confrontados por ella. Esta especie de príncipes sin reino solo desean continuar con sus planes sin ser estorbados, únicamente les interesa preservar el control y el dominio de todo lo que les rodea. Jamás se arrepienten ni permiten que Dios les confronte. Por tanto, matan a los profetas y juzgan a aquellos a quienes Dios está hablando.

La respuesta de Dios para deshacer la manipulación del espíritu de Jezabel es levantar una generación de líderes que fluyen en el espíritu de Elías, es decir: verdaderos padres, que encuentran a sus hijos, que enseñan a sus hijos y que dejan herencia a sus hijos.

Si eres parte de esta generación, sea como padre, o como hijo, no olvides que la herencia está en tu boca, desata la Palabra viva que mora en tu espíritu y libera el poder sobrenatural que te ha sido conferido.

No tengo plata ni oro, pero lo que tengo te doy;
en el nombre de Jesucristo de Nazaret, levántate y anda.

(Hch. 3:6)

CUARTA PARTE

LAS DIMENCIONES PARA EL FLUIR DE LA PALABRA

Cuando hemos aprendido a vivir en conenxión con Cristo podemos fluir en el poder sobrenatural de Cristo.

CAPÍTULO 19

ABRE TU BOCA Y YO LA LLENARÉ

Oye, pueblo mío, y te amonestaré.
Israel, si me oyeres,
No habrá en ti dios ajeno, Ni te inclinarás a dios
extraño. Yo soy Jehová tu Dios, Que te hice subir de la
tierra de Egipto;
Abre tu boca y yo la llenaré.

(Sal. 81:9-10)

Las palabras que salen de tu corazón serán oídas en el
cielo, cuando las Palabras del cielo sean atesoradas
en tu corazón.

El joven Ernesto de doce años pidió a sus padres una bicicleta, este era su sueño desde que era un pequeño, sus padres deseaban dar a su hijo lo que pedía pero lamentablemente la situación económica que atravesaban no era favorable por lo que con dolor tuvieron que convencer a su hijo de que no era un buen momento para esa petición. Ernesto esperó y lo intentó semanas después, pero aún la economía de su familia estaba en problemas, por lo que sus padres conversaron con él una vez más para que entendiese. Ernesto esperó unos meses más y al ver que las entradas en su casa mejoraban lo intentó de nuevo, pero para ese entonces ya era necesario invertir en algunas reparaciones de la casa que con el paso de los meses habían surgido, por lo que sus padres le rogaron comprensión. Ernesto entristecido esperó y esperó pero con el paso del tiempo desapareció de su mente el sueño de una bicicleta y, por supuesto, también los padres se concentraron en su trabajo cotidiano y dieron de lado a la petición de su hijo.

Un buen día, el tío Frederick visita la casa de Ernesto para pasar la tarde con su hermano y su familia. Ernesto saludó, pero debido a que estaba ocupado con algunas tareas de la escuela se quedó en su habitación para estar concentrado en su trabajo. El tío Frederick se quedó en el comedor, conversando con Alexander, el padre de Ernesto, quien era también su hermano. A la conversación se unió Lucia, la madre del pequeño y comenzaron a hablar de las grandes dificultades que habían atravesado juntos y cómo habían mejorado sus vidas económicamente. En medio de aquellos comentarios resucitó a la memoria las tristes ocasiones en que Ernesto pedía una bicicleta y ellos no podían comprársela por más que querían hacerlo, pero de repente declara el padre: "A propósito: al parecer ya a Ernesto se le ha olvidado este asunto, pero si llegara a recordarlo y pedirlo estaremos encantados de podérselo dar".

El tío Frederick entendió rápidamente que el chico no pidió su deseo en el momento oportuno, por lo que lentamente dio fin a la amena conversación del comedor y subió las escaleras que conducían a la habitación de Ernesto. Al llegar tocó la puerta y a la voz de invitación a pasar por parte de Ernesto. El tío Frederick entró en la habitación y con un saludo cordial hizo una pregunta muy sugerente. ¿Ernesto, cuál es el deseo más importante que has tenido y no se te ha podido dar? Ernesto sonrió y rápidamente recordó, pero con solo segundos de meditación su semblante decayó dejando salir una respuesta incierta: "Ninguno tío, todo está bien".

El tío Frederick se percató de que Ernesto tenía temor a una negativa más, por lo que había preferido ignorar su sueño antes de ser desilusionado de nuevo. Fue entonces que el sabio tío Frederick dice: "Ernesto creo que este es un buen momento para pedir lo que deseas, pero debes usar estas palabras: *Papá, ¿Recuerdas cuánto te pedí una bicicleta anteriormente y entiendo que no teníamos suficiente dinero, pero he esperado pacientemente este momento y he sido disciplinado en entender las prioridades del hogar, pero crees que es un buen momento ahora para acceder a mi petición?"*

Ernesto usó las palabras que el tío Frederick puso en su boca y al instante el padre quedó maravillado por la madurez de su hijo, y respondió: *"Te amo hijo, y es un placer poder conceder tu petición, has sido paciente y muy obediente, y mi mayor felicidad es que tengas lo que anhelas".*

Hermosa historia que tiene mucho sentido, pues esta dimensión de autoridad tiene algunos aspectos que debemos ver juntos para comprender su eficacia en nuestras vidas.

He aquí la esencia de esta dimensión de autoridad en la Palabra, esta es la proyección que asegura que nuestras palabras sean efectivas y en el momento oportuno. Por medio de este nivel de autoridad podemos asegurarnos de que nuestras palabras tienen efecto en la presencia de Dios con la plena certidumbre de fe de que recibiremos todo lo que pedimos.

Como podemos ver, el tío Frederick le reveló a su sobrino Ernesto la forma y el momento en que debía exponer su petición, debido a que el tío tuvo acceso al corazón del padre de familia. Las palabras de Ernesto habían sido rechazadas en muchas otras ocasiones, pero en esta oportunidad, se presentaron con gran relevancia y precisión. Esta es la eficacia y autoridad que cobran nuestras palabras cuando brotan de un corazón que ha sido estimulado por el clamor del Espíritu Santo. Si el Espíritu es quien provoca nuestras palabras, nuestros decretos serán oportunos y precisos.

Lo que hizo el tío Frederick no es más que poner en boca de su sobrino las palabras precisas, en el momento oportuno, provocando un gran resultado final.

Dios llenará nuestras bocas

Abre tu boca y yo la llenaré corresponde a uno de los salmos de David donde el salmista resalta una de las promesas de Dios a su pueblo.

Oye, pueblo mío, y te amonestaré.
Israel, si me oyeres,
No habrá en ti dios ajeno,
Ni te inclinarás a dios extraño.
Yo soy Jehová tu Dios,
Que te hice subir de la tierra de Egipto;
Abre tu boca y yo la llenaré.

(Sal. 81:9-10)

Esta promesa se ha entendido por muchos como que Dios nos invita a hablar y que en la medida que lo hacemos él llenaría nuestra boca con sus palabras de forma sobrenatural. No digo que esto no pueda suceder, pero creo que esta proyección de autoridad sucede en otra dimensión que veremos más adelante. Otros creen que esta promesa es solo una alusión a la alimentación sobrenatural en el desierto, esta propuesta sugiere que Dios propone a Israel no preocuparse por nada, porque él les alimentaría, como un ave a sus polluelos. Estas interpretaciones son interesantes, sin embargo, la frase propone en sentido real una dimensión de autoridad mucho más extraordinaria.

En realidad la propuesta de Dios está sujeta a la obediencia de Israel, a la sujeción de su pueblo. Esta sujeción y obediencia traería como fruto el favor de Dios para escuchar cada petición de la boca de Israel y contestar todos sus deseos. *Si me oyeres, Abre tu boca y yo la llenaré.* No importa qué necesite el pueblo de Dios, si este camina en obediencia, todos sus deseos serán contestados. He aquí el punto principal de esta dimensión, Dios promete responder cada petición que hagamos delante de él. Esta dimensión aparece corroborada para la iglesia a través de Cristo. Dice así:

Si permanecéis en mí, y mis palabras permanecen en vosotros, pedid todo lo que queréis, y os será hecho.

(Jn. 15:7)

El principio es el mismo que el de la antigüedad. Dios demanda ser oído y obedecido, él desea que sus palabras moren en nuestros corazones y luego nuestras palabras cobrarán sentido para él. Es sencillo, cuando albergamos la Palabra de Dios en nosotros esa Palabra nos transforma y provoca que nuestras propias palabras sean un reflejo de las suyas, es así como nuestras peticiones cobran gran relevancia delante de él. Todo lo que tenemos que hacer es atesorar sus palabras y el escuchara las nuestras. Esto es llenar nuestra boca o saciar nuestro deseo, Dios dice, pídeme, abre tu boca, que yo estoy resuelto a llenar de abundancia todo lo que tus palabras desean.

¿CÓMO FUNCIONA ESTA DIMENSIÓN DE AUTORIDAD EN EL NUEVO PACTO?

Como ya sabemos, el secreto está en atesorar las palabras del Señor y no olvidarnos de ellas para ponerlas por obra, y una vez que lo hagamos nuestras declaraciones cobrarán autoridad y crédito en los cielos. Cuando solo tenemos una mentalidad religiosa no podemos entender cómo atesorar la Palabra de Dios a no ser que lo apliquemos a la memorización de las Escrituras. En realidad las Escrituras tienen un papel muy importante en esta tarea, pero su memorización no es el secreto. En las Escrituras neo-testamentarias están registradas un grupo de palabras muy importantes a las que debemos prestar atención, ellas fueron registradas como las palabras del mismo Jesús, estas palabras con su enseñanza forman parte de lo que todo creyente debe aprender y aplicar a su vida, mas debe saber que sin la ayuda del Espíritu Santo estas enseñanzas no podrán ser atesoradas en su forma viva dentro del creyente, ni cumplidas jamás por medio del esfuerzo humano.

El Espíritu Santo es la clave principal de esta dimensión de autoridad, porque todas las palabras y enseñanzas de Jesús no fueron registradas en las Escrituras, incluyendo las enseñanzas del Reino después de su ascensión, de las cuales no se escribió como tampoco aquellas que Jesús no mencionó, pero si prometió que las conoceríamos por medio de la intervención sobrenatural del Espíritu Santo.

Aún tengo muchas cosa que deciros, pero ahora
no las podéis sobrellevar, pero cuando venga el Espíritu
de verdad, él os guiará a toda la verdad; porque
no hablará por su propia cuenta, sino que hablará
todo lo que oyere, y os hará saber las cosas que habrán
de venir. Él me glorificará; porque tomará de lo mío,
y os lo hará saber.

(Jn. 16:12-14)

El Espíritu de Dios opera en el Nuevo Pacto como el tío Frederick, él no habla por su propia cuenta, sino que revela lo que ha oído. El Espíritu Santo sabe cuándo es el momento de pedir, sabe cuándo debemos clamar, y conoce el corazón de Dios, por lo que nos revela lo que ha de venir, nos dice los secretos de Dios y nos hace sumamente efectivos en nuestras peticiones. Esto dice la Escritura:

Y nosotros no hemos recibido el espíritu del mundo,
sino el Espíritu que proviene de Dios, para que sepamos
lo que Dios nos ha concedido.

(1 Co. 2:12)

Cuando todo está listo el Espíritu Santo te ayuda a saber cómo moverte, cómo pedir y pone las palabras en tu boca para que puedas obtener lo que deseas, porque nosotros no sabemos cómo pedir, pero el Espíritu nos ayuda en nuestra debilidad y hace que nuestras peticiones sean efectivas y siempre contestadas (Ro. 8:26).

Esta dimensión también puede catalogarse como la autoridad del que pide, ¿cuántos creyentes piden a Dios desesperadamente y no reciben? ¿Cuántos piden con una postura tan deprimente que tal parece que Dios no quiere darles lo que desean? ¿Cuántos están cansados de pedir y han terminado creyendo que jamás recibirán respuesta? Esta dimensión es para toda la iglesia, sus peticiones pueden ser escuchadas, sus palabras pueden llegar a ser importantes para Dios, pero antes debemos atesorar sus palabras, sus enseñanzas, debemos procurar movernos en obediencia, para que nuestras necesidades cobren vida ante Dios. Antes de que recibamos respuesta debemos entender que nuestra relación personal y directa con el Espíritu Santo es indispensable para que el pulso del cielo lata dentro de nosotros, y los tiempos de Dios nos sean revelados. Una vez que conocemos cómo trabaja el cielo, sabremos cómo clamar al cielo.

DEFINICIÓN GENERAL

Para definir de forma general esta enseñanza podemos decir que hemos visto, al menos, cuatro elementos claves que nos ayudan a movernos en esta dimensión. En primer lugar, entendimos que la frase *Llenaré tu boca* hace alusión al favor de Dios en responder y atender a todas nuestras palabras. En segundo lugar, descubrimos que Dios atenderá a nuestras palabras solo cuando hayamos primero atesorado las suyas, para no apartarnos de ellas; solo así todo lo que hablemos tendrá sentido e importancia para él. En tercer lugar, comprendimos que las palabras de Dios solo pueden ser reveladas a plenitud por el Espíritu Santo, por lo que una relación con él es indispensable para movernos en esta dimensión. En cuarto lugar, es precisamente el Espíritu Santo quien puede hacer que seamos efectivos en esta proyección, ya que él nos indica por revelación qué debemos pedir y cuándo debemos hacerlo, de esta manera, nuestras palabras no son cadenas de oraciones habladas, lanzadas al viento, sino verdaderas saetas que causan permutación en el mundo visible e invisible.

Esta dimensión de autoridad es totalmente real y muy efectiva pero la iglesia la desconoce, no porque no la haya aprendido antes, sino porque le falta coraje para entregarse a vivir una vida sujeta a las palabras de Dios y mucho menos a aquellas que el Espíritu pueda revelar. Son muy pocos los que están dispuestos a rendir sus vidas a Dios por entero, son escasos los hombres y mujeres que anhelan atesorar las palabras de Dios y darle cumplimiento, son muy pocos los que están dispuestos a sufrir la incomprensión de la gente solo por hacer lo que Dios les demanda. Pero si este libro está siendo leído por alguien que realmente está dispuesto a hacer la voluntad del Espíritu Santo cueste lo que cueste, hay enseñanzas del Espíritu, hay paradigmas de santidad que no podremos ignorar, hay revelaciones extraordinarias que nos esperan, pero debes saber que en la medida que obedeces y te rindes a él, tus palabras cobran un nivel de autoridad extraordinario, donde todo lo que pides es escuchado y respondido.

CAPÍTULO 20

CREÍ, POR LO CUAL HABLÉ

*Pero teniendo el mismo espíritu de fe, conforme
a lo que está escrito: Creí, por lo cual hablé,
nosotros también creemos, por lo cual también hablamos.*
(2 Co. 4:13)

*El creer está en nuestro espíritu, más cuando
el creer no se puede retener dentro, y busca nuestras palabras
para salir afuera, el poder que se desata puede llegar
a desafiar toda lógica.*

Recuerdo la casa donde viví durante mi niñez, era una casa pequeña, solo tenía un cuarto, un pequeño baño, una cocina estrecha y una sala justa, pero con la magia y la calidez del auténtico hogar. Recuerdo que mi madre me decía de pequeño que cuando fuera grande y decidiera casarme yo podía construir mi casa encima del techo de nuestro pequeño apartamento. Nuestra casa era tan chica que dudaba que se pudiera poner otra sobre ella, hasta que un día mi madre me revela que el día que se construyó nuestra casa se dedicó tiempo para hacerle un fundamento suficiente como para resistir dos casas más encima. El fundamento es lo más importante en la edificación, no importa cuán pequeña parezca la casa, lo importante es el fundamento que hace que todo lo demás permanezca en pie. Este capítulo trata precisamente de la importancia del fundamento, nuestras palabras, nuestras confesiones y decretos pueden ser saetas encendidas y agudas lanzas si tienen un fundamento adecuado. En este capítulo aprenderá la importancia de la fe como el fundamento más sólido de la confesión, toda confesión que procede de una fuente de fe es sumamente efectiva.

La revelación como fundamento para la fe

El fundamento de la fe es extraordinario, muchas personas no llegan jamás a desplegar un verdadero poder sobrenatural, ni un respaldo divino, sin embargo, por el simple hecho de creer en lo que hacen, cobran ánimo, se fortalecen, se enfrentan a grandes peligros, resisten grandes pruebas y sobrepasan grandes obstáculos, solo por creer que hacen lo correcto, solo por estar convencidos de que es una causa justa y adecuada. Así se han librado grandes batallas, se han extendido diversas corrientes, se han propagado muchísimos estilos y modos de pensar, simplemente porque la gente cree en lo que hace y siente que es correcto, el creer de alguna manera libera un torrente de adrenalina que hace que el hombre sea más efectivo de lo normal. Ahora imagine, ¿Qué puede hacer la fe que desata el poder de lo sobrenatural, la fe que inclina la balanza de Dios a tu favor, la fe que hace que lo imposible se haga realidad y lo inalcanzable se manifieste justo delante de ti? Esta es la fe que debemos tener y desarrollar para que nuestras palabras tengan poder.

Uno de los ataques satánicos más efectivos en todos los tiempos ha sido el ataque a la fe, al creer de la iglesia, a su capacidad de sustentarse de la realidad de Dios. Cuando el creyente no logra estar convencido de que trabaja para Dios, cuando no logra asegurarse que lo que cree es correcto, su nivel de eficacia e impacto se reduce notablemente porque su accionar pone en duda la procedencia de la acción y, por consiguiente el resultado final. Es increíble que gente común que no trabaja para Dios logre tener más convicción para sus planes que aquel que está llamado a hacer la voluntad de Dios y sujeto a promesas que están listas para respaldar solo a aquellos que creen. Esto sucede porque no todos lo que se lanzan a servir a Dios obtienen el fundamento de sus Palabras, ni de una relación con él, sino de una formación teológica o denominacional; pero es tiempo de que tengamos una experiencia que fortalezca y solidifique lo que somos y lo que creemos, a fin de llevarnos a caminar en lo sobrenatural de Dios y el poder vivo de las Palabras.

En la historia de los grandes hombres de fe que estremecieron los tiempos con sus dinámicos y poderosos ministerios, podemos ver que sus convicciones eran muy distintas, pero el resultado era igual de poderoso. Por ejemplo: Alexander Dowie solía creer que ninguna persona que no viviera en santidad podía ser sana, por lo que solo oraba por aquellos que él creía tenían vidas íntegras y la gente era extraordinariamente sanada. Por otro lado estaba María Etther, ella creía que Dios podía sanar a cualquiera no importando su estado o su vida actual, y la gente también era extraordinariamente sanada. Algunos predicadores solo oraron por los creyentes, porque pensaban que solo los creyentes recibirían sanidad, y los creyentes eran sanados, y otros solo oraban por los inconversos, porque decían que las señales eran solo para ellos, a fin de que creyesen y la gente también era sana de forma poderosa. Así transcurrió esta época, donde cada general de Dios decía tener una revelación, pero todas diferían en aspectos claves.

En lo personal creo que Dios hizo que cada uno de ellos encontrara un fundamento sólido de acuerdo al llamado y la misión que desempeñarían. Ninguno estaba equivocado pero la forma en que defendían lo que habían recibido de Dios hacía que sus convicciones se fortalecieran, y aunque en ocasiones debatían públicamente sobre metodología sus ministerios continuaban siendo efectivos.

Esto nos ha faltado por entender, Dios conoce nuestro corazón, es él quien nos da un llamado, es su Espíritu quien nos envía, y sabiendo todas estas peculiaridades, nos da una revelación sólida en la que se establece y apoya nuestro ministerio, para que sea efectivo. Esta revelación se convierte en el fundamento que marca nuestro estilo, nuestra misión, en el distintivo que comanda nuestra acción y en la forma en que entendemos el trato de Dios. Lo terrible es cuando los hombres creen que Dios no puede hacerlo diferente y se autoproclaman lo mejor de Dios y deciden excluir y criticar todo lo demás. Como también es terrible que los ministros no confíen en lo que han recibido y deseen probar con los métodos dados por Dios a otras personas, esto es síntoma de inseguridad y falta de fe, por lo que tal ministerio jamás logrará estremecer su generación.

El fundamento de la fe se encuentra en la revelación del Espíritu, el cual en ocasiones nos confirma estas cosas por medio de las Escrituras, para facilitar nuestra tarea de instruir a otros en la visión. Cuando somos encontrados por el Espíritu Santo y él trata de forma personal con nuestras vidas, generalmente imprime en nosotros una distinción que dirige y representa nuestro llamado y misión. Es ahí donde estamos irreversiblemente seguros de que Dios nos ha enviado y nos ha dicho lo que tenemos que hacer. Créame, haciendo esto seremos más efectivos que en cualquier otra misión que desempeñemos dentro del cuerpo.

La revelación de Dios es extraordinariamente poderosa para el fundamento de la fe, ya que el creer viene por oír la Palabra de Dios (Ro. 10:17), cuando Dios te habla directamente y te ministra de forma personal lo que oyes en él se establece como un fundamento inamovible. En muchas ocasiones he visto a algunos teólogos ir supuestamente evolucionando en sus fundamentos en la medida que descubren nuevos estudios y líneas teológicas que expresan ideas nuevas y bien fundamentadas, es así como se mueven los conocimientos escriturales. El progreso de la investigación y los métodos de estudio mueven a los creyentes constantemente en sus concepciones y principios, llevándolos a nuevas ideas y formas de pensar, pero cuando has oído a Dios, cuando él te ha hablado y te ha enviado, no necesitas más confirmación que esa, sabes que lo que tienes, por poco que parezca, es suficiente para realizar la misión que Dios te ha encomendado.

REVELACIÓN Y CONOCIMIENTO

La revelación es un fundamento mucho más sólido que el conocimiento, ya que el conocimiento puede ser seducido por más conocimiento o información, puede ser modernizado y actualizado, pero la revelación se establece sobre un fundamento innegociable. Cuando leemos la Escritura estamos seguros que en ella está plasmada mucha revelación, más lo que estamos recibiendo es conocimiento, no revelación, porque la revelación solo actúa en la mente del que la recibe, y por medio de su canal original; el Espíritu Santo.

Por esta causa yo Pablo, prisionero de Cristo Jesús
por vosotros los gentiles; si es que habéis oído
de la administración de la gracia de Dios que me fue
dada para con vosotros; que por revelación me fue
declarado el misterio, como antes lo he escrito brevemente,
leyendo lo cual podéis entender cuál sea mi conocimiento
en el misterio de Cristo.
(Ef. 3:1-5)

Es sencillo, el hombre de Dios recibió el misterio por revelación, por eso su fundamento es fuerte y usa palabras como estas: *ni un ángel del cielo les mueva del evangelio que les he predicado.* Mas este texto de su carta muestra claramente que la revelación es exclusiva del que la recibe, pero el que lee recibe conocimiento de ese misterio, por lo que dice: *leyendo lo cual podéis entender cuál sea mi conocimiento en el misterio de Cristo.* Como ya sabemos, el conocimiento no tiene la fortaleza de la revelación. Podemos también recordar el caso de Adán y Eva, sabemos que Dios dio las órdenes a Adán directamente, mas Eva las recibió por Adán, y algo sí es seguro, por más que lo intentemos, ninguna de nuestras habilidades pueden igualar la gracia y el poder de Dios para imprimir en lo más profundo de nuestro ser una revelación. Por esa causa el objeto de la tentación inicial fue Eva y no Adán. Satanás sabía que tendría mayores posibilidades tratando con Eva que con Adán. El conocimiento es importante pero todo hombre de Dios debe ser llamado por él y enviado por revelación para que el fundamento de su ministerio sea realmente sólido.

De igual manera pasa con nuestras palabras, el fundamento de cada una de nuestras declaraciones debe estar marcado por la fe en una revelación de Dios, cuando la fe es el fundamento de nuestras palabras, podemos hacer que todo a nuestro alrededor sea movido y estremecido sobrenaturalmente.

Anuncios y decretos

En instantes estaremos aprendiendo sobre las palabras que brotan de una fuente de fe, pero antes es necesario hablar sobre anuncio y decreto.

Existe una diferencia notable entre el anuncio y el decreto, generalmente los creyentes no suelen diferenciar uno del otro, lo cual puede traer muchos problemas en el uso de nuestras palabras.

El decreto es una orden irrevocable que expresa la máxima autoridad, el cual se extiende y rige todo a su paso. Solo Dios como supremo Rey es quien tiene autoridad para emitir estos decretos, luego los creyentes pueden trasmitirlos y reflejar la autoridad de los mismos, pero es ilegal que los súbditos emitan los decretos y el Rey se vea obligado a respaldarlos, eso es anti reino y está fuera de todo diseño. Nuestros decretos deben expresar la voluntad soberana del Rey, no la nuestra. Lamentablemente, muchos creyentes han sido fascinados por una mentalidad modernista que les ha convencido de que pueden emitir decretos a su antojo y sujetar así todas las cosas a su paso, no creo que este accionar sea el verdadero camino de la autoridad, sino más bien el sendero que conduce al desequilibrio y el autoritarismo humano.

El decreto se ejerce sobre lo que está debajo de nosotros, no sobre lo que está encima, pues somos reyes en naturaleza, y se nos dio autoridad sobre lo que ha sido puesto debajo de nuestro pies, pero no ejercemos autoridad sobre lo que está arriba, ni a nuestro mismo nivel, más bien somos súbditos de las cosas de arriba, y consiervo los unos de los otros. Las Escrituras nos aseguran que Dios ha colocado al enemigo debajo de nuestros pies (Ro. 16:20), por tanto, tenemos autoridad sobre toda obra de las tinieblas y podemos decretar allí lo que el Espíritu Santo nos inspire, pero no debemos abusar de esta autoridad conferida, que se debe tratar con sabiduría y equilibrio.

Por otra parte, el anuncio es el recordatorio de verdades establecidas por el Rey que forman parte de principios inviolables, ejemplo: Los tres jóvenes hebreos que se encontraban frente al rey, a punto de ser condenados a muerte si no adoraban la estatua, contestaron:

> *He aquí nuestro Dios a quien servimos puede librarnos*
> *del horno de fuego ardiendo; y de tu mano, oh rey, nos*
> *librará. Y si no, sepas, oh rey, que no serviremos a tus*
> *dioses, ni tampoco adoraremos la estatua que has levantado*
> (Dn. 3:17-18).

Ellos no estaban decretando algo que sucedería, pero sus palabras estaban basadas en la fe de las enseñanzas y principios que regían sus vidas, los cuales se basaban en dos fundamentos.

1. *Nuestro Dios es poderoso para librarnos, y solo pereceremos si él lo permite.*
2. *Jamás nos postraremos ante otro Dios que no sea el nuestro.*

No eran decretos, eran principios que regían sus vidas y sobre la fe en estos principios, ellos basaron el anuncio que hicieron al rey.

No siempre nuestras palabras de fe están basadas en una revelación que escuchamos al momento, también los principios básicos que conocemos pueden representar un anuncio que provoque la intervención de Dios. Aquí debo detenerme, porque lamentablemente la iglesia tradicional posee demasiados conceptos que han sido heredados de posturas religiosas que estorban el diseño original de Dios. Tales conceptos no son un fundamento para la fe, aunque por estado natural, todo en lo que el hombre llegue a creer con firmeza se convierte en un fundamento propio y le hace esforzarse y hasta dar su vida por ello, como ha sucedido en innumerables casos de culturas que ni siquiera predican a Cristo. No obstante, me propongo enumerarle algunos de los principios básicos en los que debemos creer y sobre los cuales debemos establecer nuestros anuncios.

1. *Tenemos un solo Dios creador del cielo y de la tierra.*
2. *Creemos en Jesucristo, el verbo encarnado, y salvador de todos los hombres.*
3. *Creemos en el Espíritu Santo, como sustentador, consolador y capacitados de los creyentes.*
4. *Creemos en la revelación de Dios, como un estado presente, mediante la cual se dirige y sostiene la iglesia.*
5. *Creemos en las Escrituras, como la fuente de instrucción y capacitación para todos los creyentes de todas las culturas y razas.*
6. *Creemos en el poder sobrenatural de Dios, que se manifiesta a través de milagros, sanidades, lenguas y otras manifestaciones.*
7. *Creemos en la profecía como una fuente de orientación y sustento de la iglesia.*
8. *Creemos en el diseño de gobierno del Reino establecido por Cristo en su ascensión.*

9. *Creemos en la salvación por medio del arrepentimiento.*
10. *Creemos en la predicación del Reino de Dios como el mensaje encomendado por Cristo.*
11. *Creemos en el Nuevo Pacto como el diseño de Dios introducido por Cristo para este tiempo.*
12. *Creemos en la resurrección de los muertos, como la esperanza de salvación eterna de la iglesia.*

Estas verdades sencillas son parte del fundamento de la iglesia apostólica, la cual no estaba contaminada con las corrientes posteriores que vinieron a crear una religión acomodada y supuestamente más organizada. Cuando nuestra fe está sobre estos fundamentos, lo que pensamos y creemos desata el respaldo sobrenatural de Dios, pero cuando nuestras palabras se aferran a los diseños y modelos humanos, nuestra proyección carecerá de vida, y dependeremos de nuestro esfuerzo y empeño.

CREÍ Y HABLÉ

Recientemente, durante un retiro de los apóstoles, pastores y líderes de nuestro ministerio en Cuba, un profeta se levantó y dijo: *"Cuba, Cuba, has llorado y sufrido porque la respuesta a las promesas se tardan; has visto cómo la distancia entre la Palabra y el cumplimiento es muy larga, pero no temas, porque he visto dos relojes muy grandes, uno paralelo al otro a una distancia muy larga, pero de repente los relojes se alinearon uno sobre el otro, de manera que dice Dios: No se tardaran más mis promesas, sino que al mismo tiempo en que hable se cumplirán, y yo haré lo mismo con tus palabras".*

Desde ese día comprendimos que Dios está visitando nuestra generación de forma muy acelerada y que los tiempos están siendo recortados. Generalmente, esto sucede cuando una generación necesita entender la verdad del Reino en toda su extensión, esto también sucedió con la iglesia del primer siglo.

Para que el mensaje del Reino corriera en aquella cultura los apóstoles fueron dotados de una gracia sobrenatural donde sus palabras podían cambiar el curso natural de las cosas.

Cuando creemos podemos hablar y seguramente esas palabras encontrarán cumplimiento, pero cuando los tiempos están recortados, debemos tener cuidado de lo que hablamos o que decimos, no debemos bromear con nuestros dichos, porque lo que decimos puede cumplirse al pie de la letra.

Esto lo cambia todo, otros conceptos y estudios no aplican cuando Dios ha conferido autoridad a una generación para tomar autoridad por medio de la Palabra. La generación actual avanzará en solo unos meses lo que a otras generaciones les tomó cientos de años. Esta generación comprenderá en poco tiempo lo que en siglos ha ignorado la iglesia, conquistará en instantes lo que se ha perdido y olvidado, y regresará a moverse en el centro de la revelación del Espíritu.

Creí y hablé, es un poder inigualable que se nos ha conferido, pero es también una gran responsabilidad que tenemos. Muy pronto la mentalidad de la iglesia será radicalmente transformada y muchas de nuestras tradiciones se harán pedazos, solo para que la voluntad profética y eterna de Dios tome lugar.

CAPÍTULO 21

LA **HERENCIA** EN TU **BOCA**

La muerte y la vida están en poder de la lengua,
y el que la ama comerá de su fruto.

(Pr. 18:21)

Si las palabras de tu boca son un tesoro para ti,
serán un testamento para tus hijos.

Una de las responsabilidades más importantes que tiene un padre durante su vida es construir una herencia que dejar a sus hijos en su muerte. Este proceso de la vida, tanto espiritual como natural, es lo que garantiza el desarrollo y crecimiento saludable de una familia.

En mi caso particular nací en un hogar disfuncional, donde mi padre no estaba presente, mi madre tuvo que trabajar, así que pasaba la mayor parte del tiempo en casa de mis abuelos, junto a mis tíos y primos. Durante mi infancia pude ver a mis amigos crecer junto a sus padres, presencié cómo la influencia del cabeza del hogar se manifestaba en sus vidas a medida que crecían. Al pasar los años algunos manejaban el auto de su padre, otros se incorporaban en los negocios de la familia, y muchos simplemente recibieron una herencia monetaria o inmobiliaria que les permitió desarrollar sus vidas económicas satisfactoriamente.

En mi caso no sucedió así, mi padre falleció cuando yo era solo un muchacho sin que pudiera enseñarme nada en la vida, y mi madre tuvo que ser padre y madre para mí, con la ayuda de toda la familia de tíos y abuelos, que por más cariño que nos dieron, no pudieron remplazar el detalle imprescindible de una herencia que representara una fuente de sustento para mí en la vida. Esto provocó, que mi juventud careciera de sentido, porque a diferencia de otros jóvenes yo no tenía idea de cómo realizar ninguna tarea útil mediante la cual pudiera buscarme la vida, y tampoco poseía ningún bien material que me ayudara a comenzar algún negocio. Así que me costó mucho trabajo levantarme y construir una familia con la cual tuve que pasar por momentos económicos muy difíciles, hasta que la gracia de Dios nos diera una herencia que administrar y ministrar a otros. Fue así que comprendí que una herencia no siempre es algo físico, sino también un legado de gracia y bendición. Este es el caso que experimentaron Jacob y Esaú.

Cuando los hijos crecen y sus padres no se preocuparon en dejarles herencia, solo postergan la permanencia de otra generación en pobreza que no podrá cambiar el destino de su generación. Pero cuando los padres son fieles en darle continuidad a lo que han recibido de parte de Dios, la próxima generación podrá llevar esos tesoros a nuevos niveles de prosperidad y bendición.

En este capítulo nos acercaremos a las palabras como el canal mediante el cual podemos ministrar a otros lo que poseemos dentro de nosotros.

El que la ama, comerá de su fruto

Es natural que amemos un miembro tan importante de nuestro cuerpo como la lengua, pero esta referencia nos dice más sobre el amor hacia lo que decimos, que el cariño directo hacia la lengua como miembro del cuerpo. El producto de la lengua son las palabras, pero el fruto de ella es el cumplimiento de lo que hemos declarado. Cuando lo que decimos es un tesoro que poseemos, lo que hablamos será un hecho en quienes reciben nuestras palabras.

Demasiadas personas usan sus palabras tan solo para desahogarse y soltar lo que tienen por dentro sin pensar bien lo que dicen. Esto generalmente hace de la persona alguien ligero en sus palabras, por tanto, llegará el momento en que no serán tomadas en cuenta.

Cuando nuestras palabras son un tesoro, las guardamos y las damos solo para enriquecer la vida de quienes las escuchan, pero no las desperdiciamos en aquellos que solo pretenden contender.

> *No deis lo santo a los perros, ni echéis vuestras perlas*
> *delante de los cerdos, no sea que las pisoteen,*
> *y se vuelvan y os despedacen.*
>
> (Mt. 7:6)

Este principio nos permite acceder a la dimensión de la herencia. Solo cuando apreciamos lo que decimos, podemos dejar herencia por medio de los decretos.

EL VERDADERO ENFOQUE DE LA LUCHA ENTRE JACOB Y ESAÚ

Vivimos en una época donde lo más importante es lo que vemos, por tanto, nuestra esperanza está puesta en aquello que podemos medir y calcular con la vista. Para Jacob y Esaú esa no era la motivación, ellos querían algo más profundo que poseía su padre.

La lucha entre Jacob y Esaú fue muy parecida a la que se desarrolla hoy entre los hijos que desean heredar lo mejor de sus padres. Solo que aquella lucha no se desato por un carro, un apartamento, un negocio o una cuenta bancaria; aquella batalla estuvo basada en recibir algo mucho más poderoso.

El escenario en que se desarrolló la vida de Jacob y Esaú nos revela la dimensión de la herencia en toda su extensión. La herencia más importante que recibía el primogénito no eran los bienes materiales de la familia, por tanto, los hijos de Jacob no luchaban por ellos. El premio supremo era el

246 REDESCUBRIENDO EL PODER DE LA PALABRA

tesoro más grande que poseía el padre: su Bendición. Es decir: un decreto de gracia que marcaría la vida del hijo para ser exitoso.

Esta herencia es espiritual, sus hijos debían aprender a apreciar lo invisible más allá de las cosas de este mundo. Por sobre todo, ellos apreciaban y confiaban en el tesoro de su padre, y sabían que su bendición sería su mayor herencia.

Heredamos lo que apreciamos

El cuadro de nuestra sociedad actual nos permite ver una generación de jóvenes que no están interesados en lo que sus padres dicen, pero sí muy apurados por recibir lo que sus padres tienen. Esta actitud dice por sí sola lo siguiente: "Ya ustedes vivieron su vida como quisieron, ahora dennos lo que nos toca como hijos, que nosotros la viviremos a nuestra manera".

Esta actitud es la que provoca hoy el degradamiento moral y social, que se hace cada vez más intenso en el mundo, sobre el cual ya no se puede divisar un punto de retroceso al que podamos retornar para restaurar los valores del hombre. En cambio surgen nuevas tendencia y filosofías que nos aseguran que podemos seguir como estamos, y que lo bueno y lo malo depende de lo que nosotros creamos.

Cada desgracia social, moral y cultural que amenaza nuestro mundo es causa de que los hijos de hoy tomaron las riquezas de sus padres, pero no heredaron sus valores.

Este es el mismo mal que se introdujo en la iglesia luego de la muerte de los primeros apóstoles. La herencia más grande de aquella generación solo podría transmitirse de forma espiritual, de manera que su permanencia dependía de que existiera un agente vivo con el depósito de gracia en su interior.

Por desgracia fue trágicamente fácil que la generación posterior a ellos olvidara lo sobrenatural y se dedicaran a huir de la persecución existente en su época, y al surgir la propuesta del emperador Constantino, para que la iglesia tomara el poder en el año 325 d.c, los creyentes encontraron una salida a su aflicción y a la vez, una puerta para otra especie de religión que no heredaría jamás la vida y el poder que le fue conferido a los santos por medio de sus primeros instrumentos humanos.

Al no existir ningún instrumento humano capaz de transmitir lo que recibió de Dios, la iglesia terminó declarando que aquellos milagros y señales fueron solo para los primeros creyentes y a esta lista se fueron sumando otros tesoros como la revelación, la inspiración, la profecía y hasta el apostolado. Todos fueron despareciendo en respuesta a la carencia de la iglesia, pero jamás por ordenanza divina.

Si no apreciamos algo, terminamos perdiéndolo. Esto fue todo lo que sucedió, pero Dios en su inmensa gracia y a pesar de que la iglesia misma decidió tildar de herejes a quienes intenten redescubrir estas verdades, nos ha permitido vivir una era de restauración que inicia el camino hacia el redescubrimiento de la vida sobrenatural de la iglesia apostólica del primer siglo. Existe más evidencia escritural para vivir en lo sobrenatural que la débil argumentación religiosa que intenta convertir a los creyentes de hoy en polillas de biblioteca.

Es tiempo de apreciar la herencia más grande de la iglesia: la vida y el poder que nos fue dado por medio de Jesucristo. Haríamos muy bien en redescubrir y predicar la inmensa verdad de que Jesús es la Palabra de Dios, el logos de Dios que sostiene todas las cosas. Una vez que esa Palabra mora con nosotros, podemos desatar por medio de ella lo que está en nosotros.

La integridad de la herencia paternal

Los hijos deben confiar en sus padres, así como Jacob y Esaú. Como ya sabemos Jacob usurpó el lugar de Esaú y engañó a su padre con tal de tomar la bendición que le correspondía a su hermano. Es importante que notemos la seriedad de esta Palabra de bendición. Una vez que Jacob es bendecido en lugar de su hermano, esa bendición es irrevocable, por tanto permanecerá en su vida para siempre y dará fruto así como lo hace la Palabra que sale de la boca de Dios (Is. 55:11).

Esaú entró después para buscar su bendición, pero ya era tarde.

> *...y dijo: ¿No has guardado bendición para mí?*
> *Isaac respondió*
> *y dijo a Esaú: He aquí y le he puesto por señor tuyo...*
> (Gn. 27:37)

> *Y Esaú respondió a su padre:*
> *¿No tienes más que una sola bendición, padre mío?*
> *¡Bendíceme también a mí, padre mío!*
> *Y alzó Esaú su voz, y lloró.*
> (Gn. 27:38)

Definitivamente, las palabras de Isaac no eran un juego o una diversión, eran un tesoro para él, por tanto representaban una gran herencia para sus hijos. Todo lo que Isaac dijera acontecería en sus vidas.

Es difícil encontrar personas que tomen con seriedad lo que dicen, y mucho más difícil encontrar hijos que teman al escuchar las palabras de sus padres. Esta generación tomará su propio camino, construirá su propia senda sin mirar atrás. Pero el Dios que guarda su pacto y hace prevalecer su voluntad, buscará y encontrará hijos que honren sus palabras y las trasmitan a otros.

LO QUE TENGO TE DOY

Esto es lo dicho por el apóstol Pedro junto al templo la hermosa. Esta fue la respuesta al ademan común de un cojo que pedía limosnas. *No tengo plata ni oro, pero lo que tengo te doy; en el nombre de Jesucristo de Nazaret, levántate y anda* (Hch. 3:6). Una vez más la herencia se desató por la Palabra, lo que tenemos puede ser dado a otros por medio de las declaraciones de fe.

Este principio no debe ser usado solamente para sanar enfermos, debe fluir de forma común en la vida de la iglesia. Los padres tienen la autoridad de introducir palabras de bendición en sus hijos, las cuales estarán presentes durante toda su vida.

Antes de dar, debemos tener, por tanto todo hombre que desee transmitir la herencia que le ha sido dada, asegúrese primero que la ha recibido de Dios, no sea que en el nombre del Señor transmita lo que Dios no ha dado, sino aquello que la religión o la tradición ha puesto en sustitución de la vida y el poder de la iglesia.

Las palabras son un agente transmisor que tienen la capacidad de introducir en la vida de otros lo que han recibido aquellos que las desatan, de manera que sea bueno o malo, podemos ser bendecidos o enlutados por causa de ellas.

Las palabras propagan, anuncian, decretan, sentencian, afirman, establecen y convencen, por lo que es muy importante estar seguros de que es Dios quien fluye a través de ellas y no nuestras propias tradiciones.

Cada hombre da lo que tiene, no puede ofrecer otra cosa, es así como llevamos casi 1600 años ignorando la verdad de Dios y extendiendo en su lugar una religión muy parecida pero lejos del pacto establecido.

Cada restauración nos acerca más y más a la verdad, pero cada una también cree tenerlo todo, por lo que se toman el lujo de juzgar como herejes a otros que los sobrepasan. Este terrible incidente se debe a que olvidamos dar lo que tenemos en nuestro espíritu y solo ofrecemos lo que tenemos almacenado en nuestra mente, es así como predicamos teología y mucha instrucción denominacional, pero no la verdad íntegra del Reino que nos es revelada por el Espíritu.

Solo cuando hablemos lo que recibimos de Dios, heredaremos la verdad imperecedera e inerrante del Reino de los cielos.

Retomando el tema. Es importante que entendamos que somos el depósito de Dios, somos su cuaderno preferido, él está dispuesto a escribir en nosotros su gracia, su verdad y su justicia, por tanto, podemos y debemos sin temor desatar esa herencia sobre nuestros hijos, tanto espirituales como carnales. Tus palabras tienen el poder de enriquecer a muchos con lo que Dios te ha dado. No olvides esto jamás, eres el canal del Espíritu Santo y la herencia está en tu boca.

CONCLUSIÓN

PRINCIPIOS GENERALES

Creo que estamos listos para hacer una selección de los principios generales que describen el contenido del libro. Cada uno de ellos será expuesto por el orden en que aparecen en cada parte, a fin de que sea más fácil poder identificarlos durante una lectura posterior. Pero lo más importante que deseo expresarle por medio de ellos es nuestra inminente necesidad de cambiar nuestras vidas llenas de conocimiento por una dependiente totalmente del Espíritu de Dios. Fui movido por Dios a escribir este libro con el fin de poner nuestra vista en las cosas de arriba y redescubrir el poder que fluye del Reino invisible. Luego la Palabra de Dios morará en abundancia en nuestras vidas y podremos expresar en la tierra su poder.

Principios generales de la Primera Parte:

1. *La Palabra de Dios tiene identidad propia, por tanto puede manifestarse en diferentes instrumentos pero no pierde su naturaleza misma.*
2. *Los instrumentos que la Palabra utiliza tienen la utilidad de mostrarla, pero no el poder de arrebatarle su nombre.*
3. *La naturaleza de Cristo es la identidad original de la Palabra de Dios.*
4. *La creación fue hecha por la palabra, la letra surgió por la Palabra, los profetas hablaron la palabra, pero solo Cristo es la Palabra.*

5. *Cristo es la máxima expresión de la Palabra de Dios, por tanto su encarnación actualiza la revelación y aplicación de la iglesia.*

6. *Solo a Cristo se le atribuye el significado tipológico del término logos, por lo que ninguna otra aparición de esta palabra que no sea referente a Jesús está relacionada con el poder creador de todas las cosas, sino al uso de las palabras, los argumentos y razonamientos, sean para bien o para mal.*

7. *Para que la palabra de Dios se manifieste en la tierra se necesitan dos atributos, el primero es su naturaleza viva, esa naturaleza es Cristo en nosotros, el segundo es un mensaje determinado, el cual será vivificado por la naturaleza en nosotros, ese mensaje solo puede proveerlo el Espíritu Santo.*

8. *El Nuevo Pacto es el modelo legal de Dios para mostrar el estado vivo en que la Palabra opera en el hombre.*

9. *La revelación es el canal aprobado y sellado por Dios para garantizar la inerrancia del mensaje de la iglesia.*

10. *El dedo de Dios es la revelación del proceso legal en que la Palabra de Dios es ministrada al ser humano. Así que el Nuevo Pacto establece al Espíritu Santo como el único canal para escribir en el corazón del hombre.*

11. *El pacto de Dios ya no está basado en escrituras artificiales, sino únicamente con lo que el Espíritu escribe en el interior del hombre.*

12. *La Palabra de Dios es restaurada en su naturaleza original y espiritual y manifestada por medio de la vida y la predicación de la iglesia como cuerpo de Cristo.*

Principios generales de la Segunda Parte:

1. *Desaprender es el centro del arrepentimiento. Solo cuando renunciamos a nuestras concepciones humanas y religiosas, nos colocamos en el lugar preciso donde Dios puede hablarnos en nuestro espíritu.*

2. *El espíritu del hombre es el depósito de la Palabra de Dios, luego su mente y por consecuencia, su boca.*

3. *Obedecer es hacer al mismo tiempo que se oye. Ser obediente a la Palabra no incluye un análisis posterior a la orden recibida.*

4. *La garantía más eficaz que tenemos para saber si la palabra procede de Dios, es nuestra experiencia con él y el testimonio del Espíritu Santo a nuestro espíritu.*

5. *Dios es soberano, la Palabra no lo sujeta, él es quien sujeta todas las cosas por medio de ella.*

6. *La Palabra es la verdad siempre que Dios hable, lo que diga será verdad en la más pura expresión.*

7. *La fe es la capacidad de conectarnos con la verdad de Dios, la cual es superior a toda realidad de la tierra.*

8. *Dios es un diseñador, sus diseños representan la única forma legal de proceder dentro de su Reino.*

9. *El Nuevo Pacto es el diseño renovado de Dios, mediante el cual se comprende la profundidad del Reino establecido por medio de Cristo.*

10. *Si ignoramos el pacto, Dios nos ignorará a nosotros, si lo redescubrimos, los misterios de Dios vendrán a ser nuestros.*

11. *La pureza y la dependencia del Espíritu nos permiten ser canales del poder y la autoridad de la Palabra viva.*

12. *La Palabra de Dios debe morar y fluir a través del creyente, solo así su manifestación será pura.*

Principios generales de la Tercera Parte:

1. *Existen diferentes espíritus que operan en la conducta del hombre con el objetivo de alejarlos de la Palabra de Dios.*

2. *El espíritu de Ahitofel está basado en la astucia y la inteligencia humana que pretende sustituir la voz profética de Dios.*

3. *El consejo, la orientación, el mentorado y otras prácticas educativas, no pueden ser jamás sustitutos de la voz*

profética. La profecía es la vía más eficaz para que Dios traiga orden a su pueblo.

4. *El espíritu de Elí es la debilidad que convierte al ministro en un verdugo de los demás, mientras encubre y justifica los pecados de sus hijos.*

5. *Ser un ministro religioso no nos garantiza el conocer a Dios, solo cuando escuchamos su palabra, su presencia nos es revelada.*

6. *Oír y obedecer a Dios puede hacernos nadar en contra de la corriente de los hombres, sin embargo, debemos tener un compromiso con la verdad divina, más allá del compromiso con las posturas teológicas de los hombres.*

7. *Grandes instrumentos de Dios pueden quedar sepultados bajo los escombros tradicionalistas de los hombres, cuando esto sucede, la vida y el poder son sustituidos por historias del pasado.*

8. *Solo la Palabra viva fluyendo dentro del hombre lo conserva puro en todo tiempo, pero las tradiciones carcomen la conciencia y petrifican la verdadera fe.*

9. *La tradición promueve a los ministros que le profesan lealtad a toda costa, pero condena a los que escuchan a Dios y son fieles a la Palabra que les es revelada.*

10. *El espíritu de Jezabel opera en la manipulación, la sensualidad y la brujería; tales costumbres pretender venir a sustituir el verdadero liderazgo del Reino.*

11. *El Reino debe ser liderado con un verdadero espíritu de paternidad que opera en el poder sobrenatural y no solo en la persuasión humana; esta es la esencia de la manifestación de Elías en los días finales.*

12. *Si renunciamos al orgullo de Ahitofel, a la debilidad e injusticia de Elí; si nos negamos a la fidelidad torcida de los profetas viejos y a la sucia manipulación de Jezabel, podremos ser la generación que cruzará la tierra por dirección y respaldo divino.*

Principios generales de la Cuarta Parte

1. *Las palabras que salen de tu corazón serán oídas en los cielos, cuando las Palabras del cielo sean atesoradas en tu corazón.*
2. *Solo el Espíritu Santo es el agente capacitado para traer la Palabra que debemos desatar por nuestra boca.*
3. *La autoridad espiritual no está basada en gritar o decir frases impactantes. Todas las cosas que nos rodean se sujetarán a nosotros con la misma fuerza e intensidad con la que nosotros nos sujetemos a Dios.*
4. *Las Palabras que brotan de una fuente de fe pueden llegar a desafiar toda lógica humana.*
5. *La revelación y el conocimiento son dos fuentes de información diferentes, la primera procede directamente de Dios, la segunda puede llegarnos por diferentes vías como escrituras y enseñanzas.*
6. *El fundamento más sólido que tiene la fe está basado en la revelación de Dios, ningún estudio puede ser más eficaz en sustentar al hombre que la experiencia que este tenga directamente con Dios, por medio del Espíritu Santo.*
7. *El anuncio es una verdad declarada, pero el decreto es una sentencia de autoridad; podemos anunciar toda verdad que nos ha sido enseñada, pero solamente podemos decretar las Palabras que Dios, como Rey supremo ha autorizado.*
8. *Creer y hablar es una dinámica que fluye en la dirección absoluta del Espíritu Santo y no en la del capricho humano.*
9. *La herencia más valiosa que podemos dejar a nuestros hijos es una palabra de bendición que fluye de nuestra fuente, a fin de afirmarles sobre la tierra.*
10. *Debemos apreciar nuestras palabras y cuidar nuestra fuente, para que ellas lleguen a reflejar el poder que el Espíritu Santo ha depositado en nosotros.*

11. *Cuando los padres son espirituales, enseñan a sus hijos a buscar lo espiritual con mayor intensidad que las cosas materiales; la lucha entre Jacob y Esaú estuvo basada en esa prioridad: la Bendición.*

12. *Debemos recordar que somos el cuaderno preferido de Dios en el que él escribe su justicia, podemos y debemos ser la boca de Dios, desatando bendición y vida en cada persona que nos rodea.*

Espero que estos principios encuentren cabida en su corazón a fin de que sea establecido sobre el fundamento de la palabra viva. Ahora quisiera terminar haciendo una definición general de la obra de la Palabra, con el propósito de sellar su innegable identidad y poder.

Cuando definimos la obra de la Palabra podemos notar su participación en todas las cosas desde el principio. La Palabra irrumpió en lo invisible para dar inicio a una nueva dimensión conocida como el universo. Luego por la palabra fueron creadas todas las cosas que nos rodean, y aunque el hombre fue conformado por el polvo de la tierra, fue la boca de Dios la que le dio vida, por medio de su aliento. La Palabra de Dios estableció el Pacto y las legalidades con el hombre, la Palabra se manifestó de diferentes maneras a fin de dar a conocer la voluntad de Dios; finalmente, la Palabra se presentó en su verdadera identidad y le fue preparado un cuerpo en la tierra, a fin de que este cuerpo mostrara en todos los confines del mundo el poder de su cabeza.

La Palabra de Dios fue restaurada en su verdadera naturaleza espiritual a fin de que morara en el hombre y fuera desatada por la boca del hombre. Esta verdad ha pasado inadvertida por cientos de años, pero este es el tiempo favorable de Dios para que la iglesia predique la Palabra que el Espíritu Santo está escribiendo en su corazón y se establezca sobre Cristo como la cabeza y el único fundamento de la iglesia. Solo esta Palabra puede vivificar y transformar al hombre.